编写委员会

指导组

主　任：邓小华　　宋献中　　刘晓华

副主任：华正亭　　霍燕滨　　曹晓峰　　陈木钦

　　　　童德功　　职雨风

编写组

主　编：邓小华　　宋献中　　刘晓华

副主编：陈楚宣　　沈洪涛　　兰恒水　　沈达扬

编　委：（排名不分先后）

　　　　胡坚柱　　郑旭涛　　谢智敏　　谭小平

　　　　李　玲　　王文静　　丁　一　　张后举

　　　　李妍虹　　覃思坦　　李子青　　秦　然

　　　　张　翎

绿色 低碳 创新

广东省交通集团有限公司
"双碳"战略研究

广东省交通集团有限公司
Guangdong Provincial Communication Group Co.,Ltd.　编著

暨南大学出版社
JINAN UNIVERSITY PRESS

中国·广州

图书在版编目（CIP）数据

绿色 低碳 创新：广东省交通集团有限公司"双碳"战略研究/广东省交通集团有限公司编著. —广州：暨南大学出版社，2023.5
ISBN 978 - 7 - 5668 - 3598 - 7

Ⅰ.①绿… Ⅱ.①广… Ⅲ.①交通运输企业—企业集团—战略管理—研究—广东 Ⅳ.①F512.765

中国版本图书馆 CIP 数据核字（2022）第 245774 号

绿色 低碳 创新：广东省交通集团有限公司"双碳"战略研究
LÜSE DITAN CHUANGXIN：GUANGDONG SHENG JIAOTONG JITUAN YOUXIAN GONGSI "SHUANGTAN" ZHANLÜE YANJIU
编著者：广东省交通集团有限公司
··

出 版 人：张晋升
责任编辑：梁月秋 郑晓玲
责任校对：孙劭贤
责任印制：周一丹 郑玉婷

出版发行：暨南大学出版社（511443）
电　　话：总编室（8620）37332601
　　　　　营销部（8620）37332680 37332681 37332682 37332683
传　　真：（8620）37332660（办公室） 37332684（营销部）
网　　址：http：//www.jnupress.com
排　　版：广州尚文数码科技有限公司
印　　刷：广东信源文化科技有限公司
开　　本：787mm×1092mm 1/16
印　　张：16.5
字　　数：241 千
版　　次：2023 年 5 月第 1 版
印　　次：2023 年 5 月第 1 次
定　　价：98.00 元

（暨大版图书如有印装质量问题，请与出版社总编室联系调换）

序 一

"2030 年前实现碳达峰、2060 年前实现碳中和"是以习近平同志为核心的党中央统筹国内国际两个大局作出的重大战略决策。这是我国贯彻新发展理念、构建新发展格局、推动高质量发展的内在要求，也是破解资源环境约束突出问题、推动经济结构转型升级的迫切需要。

交通运输是国民经济中基础性、先导性、战略性产业，是碳排放的重要领域之一。据统计，交通运输行业的碳排放量约占全国终端碳排放总量的 15%，其中道路交通碳排放量占比约为 82%。推动交通运输行业绿色低碳转型对于促进行业高质量发展、加快建设"交通强国"具有十分重要的意义。2022 年 4 月，交通运输部指出，交通运输行业要按照党中央、国务院决策部署，切实推动交通运输转型升级、提质增效，加快形成绿色低碳生产生活方式，推进交通运输生态文明建设取得新成效，加快建设"交通强国"。

近年来，广东省交通集团有限公司（以下简称"集团"）主动融入广东绿色发展大局。按照粤港澳大湾区发展规划纲要、广东"1+1+9"发展战略及其"一核一带一区"的建设目标，集团进一步强化风险控制、优化资源配置、创新发展模式、提升经营运营，并积极打通阻碍区域发展的交通瓶颈，勇当开路先锋，推广节能环保，共建粤港澳大湾区生态文明。战略定位上，集团坚持"百业兴旺，交通先行"，围绕"人的出行"和"物的流转",作为创造投资、建设、运营一体化服务价值的大型国有资本投资集团,在广东省、粤港澳大湾区的发展中发挥关键支撑作用。产业布局上,集团聚焦高速公路和道路的投融资建设和经营管理,土地配套资源的综合开发和运营,客运、物流、智慧交通以及服务区的商业化运营等。发展模式上,集团沿着交通产业链从纵向和横向两个方面进行拓展,构建交通产业开放、共享生态圈,打造一体化交通产业服务商业模式,提供交通产业链价值增值服务。发展举措上,集团利用数字经济赋能产业发展,创新深化企业改革,优化资本布局和资源配置,强化产业升级和业务协同,整合六类资源并构建"四化"开发模式,高质量地完成高速公路建设任务和运营管理,推动自身向现代综合服务型交通企业升级。截至2022年底,集团管理的资产总额在7 400亿元以上,投资运营的高速公路里程达7 973公里,占全省通车里程的71%。

"双碳"目标的提出,对集团的绿色转型发展既是挑战,同时也带来巨大的发展契机。一方面,这对交运企业绿色转型提出了刚性要求,新能源和清洁能源运输工具面临推广应用压力,现有交通设备的电气化、电动化需要替代转换,燃油车船能效标准与能源利用效率亟待提高,这些都给交运企业的转型升级带来了新的挑战。另一方面,国家及相关部门陆续出台关于优先发展交通、落实交通领域减碳措施的政策,积极构建政府企业公众共治的绿色低碳交通行动体系,不断推动运营向智能化、数字化和绿色低碳化发展转型升级,为交运企业带来绿色可持续发展的政策机遇和发展机遇。在此背景下,集团如何匹配国家低碳政策发展要求,实现经营业务的高质量发展;如何处理好减排的整体与局部、短期与中长期举措的关系,建设低碳发展模式和低碳消费模式，实现企业在健康可持续发展下的经济利益最大化；如何匹配国家低碳发展指引，积极履行企业的社会责任，在实现企业社会经济效益目标的同时，贯彻生态文明建设和绿色发展理念，这既是集团在低碳时代所面临的重大现实问题，也是集团未来发展的趋势和方向。

广东省交通集团有限公司作为省属大型国有集团企业，遵循"十四五"规划确定的目标与任务，以助力粤港澳大湾区发展和"交通强国"建设目标为己任，开展"双碳"形势的梳理和政策的规划，对集团未来发展所面临的形势与挑战作出科学研判，并整理成书出版。本书共分为四个部分，分别为"交通行业相关'双碳'政策梳理""交通行业低碳发展的现状及趋势""广东交通集团碳排放核算体系的构建""广东交通集团低碳发展的政策建议研究"。相关研究为集团战略发展提供了参考，也有助于形成可复制、可推广的模式和指导方案。

经济兴旺，交通先行。集团立足新的发展阶段，以推动绿色低碳高质量发展为目标，继续深入贯彻落实习近平总书记关于实现碳达峰、碳中和作出的重大战略决策部署，积极推进新时代粤港澳大湾区交通发展的使命任务，高度践行国有交通企业的社会责任与担当，当好粤港澳大湾区交通现代化建设发展的先头部队与开路先锋。

邓小华

2023 年 3 月于利通广场

序 二

面对日益严峻而紧迫的全球气候环境危机，绿色低碳转型和应对气候变化已成为世界共识，对此，我国提出了"2030年前实现碳达峰、2060年前实现碳中和"的目标。"双碳"目标是党和国家基于推动构建人类命运共同体和实现中华民族永续发展的责任担当而作出的重大战略决策，必将带来社会经济各个领域绿色低碳转型的重大变革和挑战。交通运输是碳排放的重点领域之一，在2021年10月发布的《中共中央　国务院关于完整准确全面贯彻新发展理念做好碳达峰碳中和工作的意见》中，将"加快推进低碳交通体系建设"列为主要路径之一；在《国务院关于印发2030年前碳达峰行动方案的通知》（国发〔2021〕23号）中，"交通运输绿色低碳行动"以单独章节列入。因此，做好交通运输的"双碳"工作，是服务党和国家事业发展大局、经济社会发展全局的迫切要求。

暨南大学作为中央统战部、教育部、广东省共建的国家"双一流"建设高校和广东省高水平大学重点建设高校，高度重视国家重大战略需求和地方经济发展需要，围绕低碳协同发展、低碳金融市场建设、企业低碳技术创新与生产等重点领域，开展了一系列高水平的基础性、前瞻性学术研究与探索。近年来，暨南大学先后获批了粤港澳环境质量协同创新联合实验室、人与自然生命共同体重点实验室、广东省环境污染与健康重点实验室、绿色发展研究中心等省级研究平台；引培了一批由环境管理和环境科学等领域专业研究人员组成的国内领先的绿色可持续发展研究团队；形成了从大气环境与气候变化、产业布局与区域创新到低碳可持续发展的立体式、全方位、多学科交叉的研究格局；培养了一批接受过系统性专业理论学习和训练的环境管理复合型人才；产出了一批具有较强学术影响力的科研成果，成为粤港澳大湾区低碳和绿色发展领域重要的研究力量之一。

企业作为承载并实现"双碳"目标的关键群体，将是我国实现"双碳"目标的主力军和排头兵。在交通运输全面绿色低碳转型的大趋势下，推进低碳交通运输体系的建设，技术和制度的创新是关键。广东省交通集团有限公司作为广东省的重要大型国有交通企业，超前谋划、提早布局，以国家"双碳"战略目标及广东绿色低碳发展战略为己任，以交通领域绿色能源技术发展为引领，以道路交通基础设施投资建设运营业务的绿色转型为契机，以碳交易市场机制带来的融资和碳资产管理收益为依托，为集团道路交通运输技术进步和发展创造超前性、引领性的竞争优势。基于此，广东省交通集团有限公司与暨南大学团队联合开展"双碳"政策研究，最终形成本书。

"双碳"政策的研究涉及广东省交通集团有限公司绿色低碳转型的方方面面，包括科技研发、成果转化、平台建设、人才培养、机制创新等，为集团如何统筹处理发展和减排、整体和局部、长远目标和短期目标、政府和市场的关系提供了解决方案，也为后期形成可复制、可推广的模式和指导方案奠定了坚实基础，对集团争做交通行业"双碳"行动的引领者和推动者意义重大。

本项目是暨南大学与广东省交通集团有限公司积极探索校

企合作的研究成果之一，为今后双方在交通运输绿色低碳转型方面的人才培养、技术转化、政策研究等领域开展更深入的合作提供了经验借鉴。双方将持续巩固合作成果，扩大合作领域，拓展合作深度，共同努力推动各项合作内容的落地落实，为地方经济和社会发展作出更大贡献。

实现"双碳"目标，道阻且长但行则将至。我们既要对国家"双碳"政策有着深刻的认识，又要抓牢转型契机、作出多元化探索。未来，暨南大学将继续积极回应国家和地方战略需要，在粤港澳大湾区引领全国"双碳"发展的先锋之路上，进一步提升高等教育的服务力和贡献力，积极发挥政、校、企多维主体协同作用，推动多院系多学科联合创新，培育与"双碳"相关的新兴学科方向，打造具有鲜明绿色低碳特色的学科体系和政产学研平台，争当服务粤港澳大湾区"双碳"人才培养的践行者、科技创新的生力军以及产教研融合的示范区。

宋献中

2023 年 3 月于暨南园

目 录
Contents

第一部分

交通行业相关"双碳"政策梳理

实现碳达峰、碳中和是中国高质量发展的内在要求，也是中国对国际社会的庄严承诺。近年来，国家陆续发布了《2030 年前碳达峰行动方案》等一系列低碳政策以及能源、工业、建筑等领域的具体实施方案。交通行业作为碳减排的重要行业，梳理道路交通运输相关的低碳政策，对于企业以低碳减排为目标开展绿色转型行动具有重要意义。

为此，我们从国家层面和地区层面梳理了近年来道路交通运输行业相关的低碳政策法规。由于各省市低碳政策法规大致趋同，考虑到广东交通集团的实际情况，地区层面特针对广东省道路交通运输行业相关的低碳政策法规进行梳理。广东交通集团主要业务为高速公路和交通运输两大板块，根据《国民经济行业分类》（GB/T 4754 – 2017），高速公路建设属于建筑业中的"公路工程建筑"（代码：E4812）。因此，我们基于广东省层面分别梳理了交通行业和建筑行业的相关低碳政策。

第一节　整体层面"双碳"相关政策梳理

本节基于国家及广东省整体层面梳理低碳发展相关的政策意见，其中，"双碳"战略政策 11 项、碳交易市场政策 20 项、清洁能源政策 3 项、新能源汽车政策 2 项。

一、"双碳" 战略政策

2020 年 9 月 22 日，国家主席习近平在第七十五届联合国大会上宣布，中国力争 2030 年前二氧化碳排放达到峰值，努力争取 2060 年前实现碳中和目标。"双碳"战略是以习近平同志为核心的党中央统筹国内国际两个大局作出的重大战略决策，也是进入新发展阶段后我国面临的新的重大理论和实践问题。"双碳"战略提出后，国务院、国家发展改革委等先后出台了关于"双碳"战略的多项政策。

2021年2月,《国务院关于加快建立健全绿色低碳循环发展经济体系的指导意见》印发,提出2025年、2035年两个目标愿景,明确坚持重点突破、创新引领、稳中求进、市场导向的工作原则,部署生产、流通、消费、创新等六方面重点任务。

2021年3月,第十三届全国人大表决通过《中华人民共和国国民经济和社会发展第十四个五年规划和2035年远景目标纲要》,提出深入推进建筑、交通等领域绿色、低碳、优化的转型要求,指出全面提高资源利用效率、构建资源循环利用体系、大力发展绿色经济以及构建绿色发展政策体系的发展方式。

2021年3月,工业和信息化部发布《2021年工业和信息化标准工作要点》,提出制定和修订制造强国、网络强国、质量强国、数字中国建设所需标准这一主要目标,指明六大重点任务,组织制定和修订相关标准,服务制造强国、网络强国、质量强国与数字中国的建设工作。

2021年4月,国家能源局印发《2021年能源工作指导意见》,提出在能源结构、供应保障、质量效率、科技创新以及体制改革五个方面的预期目标。

2021年4月,广东省政府印发《广东省国民经济和社会发展第十四个五年规划和2035年远景目标纲要》,提出紧抓粤港澳大湾区和深圳中国特色社会主义先行示范区建设重大机遇,建设安全、便捷、高效、绿色、经济的现代化综合交通运输体系,部署交通方面建设任务6项,涵盖综合交通运输领域重大建设项目14个。

2021年7月,国家发展改革委印发《"十四五"循环经济发展规划》,列明重点任务3项、重点工程与行动11项,提出到2025年的主要目标,包括循环型生产方式全面推行、绿色设计和清洁生产普遍推广、资源综合利用能力显著提升、资源循环型产业体系基本建立等。

2021年10月,《中共中央　国务院关于完整准确全面贯彻新发展理念做好碳达峰碳中和工作的意见》发布,指出实现碳达峰、碳中和目标,要坚持"全国统筹、节约优先、双轮驱动、内外畅通、防范风险"原则，重点推进十大任务，确保如期实现目标。

2021年10月，国务院印发《2030年前碳达峰行动方案》，提出实施"碳达峰十大行动"，确保2030年前，非化石能源消费比重达到25%左右，单位国内生产总值二氧化碳排放比2005年下降65%以上，顺利实现碳达峰目标。

2021年10月，国家发展改革委等部门印发《"十四五"全国清洁生产推行方案》，提出的主要目标是：到2025年，清洁生产推行制度体系基本建立，工业领域清洁生产全面推行，农业、服务业、建筑业、交通运输业等领域清洁生产进一步深化，清洁生产整体水平大幅提升，能源资源利用效率显著提高，重点行业主要污染物和二氧化碳排放强度明显降低，清洁生产产业不断壮大。

2022年1月，习近平总书记主持中共中央政治局第三十六次集体学习并发表重要讲话，指出实现碳达峰、碳中和要处理好发展和减排、整体和局部、长远目标和短期目标、政府和市场四对关系，坚持五个原则。

2022年1月，国务院印发《"十四五"节能减排综合工作方案》，提出的主要目标是：到2025年，全国单位国内生产总值能源消耗比2020年下降13.5%，能源消费总量得到合理控制，化学需氧量、氨氮、氮氧化物、挥发性有机物排放总量比2020年分别下降8%、8%、10%以上、10%以上。

表1-1　整体层面主要"双碳"政策

时间	颁布机构	政策名称
2021年2月	国务院	《国务院关于加快建立健全绿色低碳循环发展经济体系的指导意见》
2021年3月	第十三届全国人大	《中华人民共和国国民经济和社会发展第十四个五年规划和2035年远景目标纲要》

（续上表）

时间	颁布机构	政策名称
2021 年 3 月	工业和信息化部	《2021 年工业和信息化标准工作要点》
2021 年 4 月	国家能源局	《2021 年能源工作指导意见》
2021 年 4 月	广东省政府	《广东省国民经济和社会发展第十四个五年规划和 2035 年远景目标纲要》
2021 年 7 月	国家发展改革委	《"十四五"循环经济发展规划》
2021 年 10 月	中共中央、国务院	《中共中央 国务院关于完整准确全面贯彻新发展理念做好碳达峰碳中和工作的意见》
2021 年 10 月	国务院	《2030 年前碳达峰行动方案》
2021 年 10 月	国家发展改革委等部门	《"十四五"全国清洁生产推行方案》
2022 年 1 月	中共中央政治局	中共中央政治局第三十六次集体学习时习近平关于"双碳"工作的重要讲话
2022 年 1 月	国务院	《"十四五"节能减排综合工作方案》

资料来源：根据公开信息整理。

二、碳交易市场政策

碳排放权交易是碳达峰、碳中和背景下衍生出的一种交易体系，其核心旨在将碳排放权作为一种稀缺的生产要素进行交易，提高碳排放成本，从而达到碳减排目的。根据业界观点，碳排放权交易政策以 2021 年为分水岭，分为两个阶段：2011—2021 年为试点阶段，关于碳排放权交易的政策散见于国民经济规划、通知、方案等政府文件；2021 年起为推行阶段，生态环境部先后颁布施行《碳排放权交易管理办法（试行）》

《碳排放权登记管理规则（试行）》《碳排放权交易管理规则（试行）》和《碳排放权结算管理规则（试行）》，奠定了碳排放权交易的法律基础。

2011年3月，第十一届全国人大审议通过《中华人民共和国国民经济和社会发展第十二个五年规划纲要》，提出主要目标是经济平稳较快发展、结构调整取得重大进展、科技教育水平明显提升、资源节约环境保护成效显著等；同时也明确了综合交通运输体系方面的四项重点任务。

2011年10月，国家发展改革委办公厅印发《国家发展改革委办公厅关于开展碳排放权交易试点工作的通知》，同意北京市、天津市、上海市、重庆市、湖北省、广东省及深圳市开展碳排放权交易试点，同时要求做好碳排放权交易试点支撑体系建设，保障试点工作顺利进行。

2012年6月，国家发展改革委印发《温室气体自愿减排交易管理暂行办法》，提出鼓励基于项目的温室气体自愿减排交易，并制定相关项目审核及管理规定，进而保障有关交易活动有序开展。

2012年10月，深圳市人大常委会发布《深圳经济特区碳排放管理若干规定》，提出要坚持发展低碳经济、实行碳排放管控制度、建立配额管理制度、建立碳排放抵消制度、建立碳排放权交易制度、碳排放管控单位应当向市政府碳排放权交易主管部门提交经核查的年度报告，进而优化环境资源配置。

2014年12月，国家发展改革委发布《碳排放权交易管理暂行办法》，明确了碳排放权交易市场初期的交易产品、交易主体、交易规则、监督部门及其职责。

2016年1月，国家发展改革委办公厅印发《国家发展改革委办公厅关于切实做好全国碳排放权交易市场启动重点工作的通知》，提出确保2017年启动全国碳排放权交易，实施碳排放权交易制度，并布置做好全国碳排放权交易市场启动工作的四项重点任务。

2016年8月，中国人民银行、财政部、国家发展改革委、环境保护部、银监会、证监会、保监会联合印发《关于构建绿色金融体系的指导意见》，提出构建绿色金融体系的主要目的是动员和激励更多社会资本投入绿色产业，支持和鼓励绿色投融资，发展绿色保险和环境权益交易市场，同时支持地方发展绿色金融。

2017年12月，国家发展改革委印发《全国碳排放权交易市场建设方案（发电行业）》，提出了碳市场建设的主要目标，分三阶段稳步推进，同时明确了重点排放单位、监管机构和核查机构等参与主体，厘清了数据报送系统、注册登记系统、交易系统以及结算系统作为支撑系统的职责作用。

2020年7月，广东省地方金融监管局、人民银行广州分行、广东银保监局、广东证监局、人民银行深圳市中心支行、深圳银保监局、深圳证监局联合印发《关于贯彻落实金融支持粤港澳大湾区建设意见的实施方案》，重点要求明确各部门职责、认真做好政策分类、制定实施的路线图，提出了五大任务80条具体落实措施。

2020年10月，生态环境部、国家发展和改革委员会、中国人民银行、中国银行保险监督管理委员会、中国证券监督管理委员会联合发布《关于促进应对气候变化投融资的指导意见》，拟定到2022年以及到2025年关于气候投融资发展的主要目标，提出加快构建气候投融资政策体系、逐步完善气候投融资标准体系、鼓励和引导民间投资与外资进入气候投融资领域、引导和支持气候投融资地方实践、深化气候投融资国际合作、强化组织实施等要求。

2020年12月，生态环境部印发《2019—2020年全国碳排放权交易配额总量设定与分配实施方案（发电行业）》，提出根据相关碳排放核查结果，筛选确定纳入2019—2020年全国碳市场配额管理的重点排放单位名单，并实行名录管理。同时印发《纳入2019—2020年全国碳排放权交易配额管理的重点排放单位名单》，对各地区报送的名单，筛选确定2019—2020年全国碳市场纳入发电行业重点排放单位共计2 225家，其中广东85家。

2020年12月，生态环境部印发《碳排放权交易管理办法（试行）》，规定了各级生态环境主管部门和市场参与主体的责任、权利和义务，以及全国碳市场运行的关键环节和工作要求，共同搭建起全国碳市场的基本制度框架。

2021年3月，生态环境部办公厅发布《关于公开征求〈碳排放权交易管理暂行条例（草案修改稿）〉的通知》，明确国务院生态环境主管部门制定纳入全国碳排放权交易市场的温室气体重点排放单位的确定条件，并向社会公布。省级主管部门按照重点排放单位的确定条件，制定本行政区域重点排放单位名录，向国务院生态环境主管部门报告，并向社会公开。

2021年4月，中共中央办公厅、国务院办公厅印发《关于建立健全生态产品价值实现机制的意见》，提出到2025年以及到2035年的主要目标，为基本实现美丽中国建设目标提供有力支撑，具体在促进生态产品价值增值方面提出交通建设支持，同时推动生态产品认证国际互认。

2021年5月，中国人民银行印发《银行业金融机构绿色金融评价方案》，指明绿色金融评价面向银行业金融机构开展，中国人民银行负责24家主要银行业金融机构绿色金融评价工作，评价结果纳入中国人民银行政策和审慎管理工具，鼓励更多主体积极主动参与。

2021年5月，生态环境部发布《碳排放权登记管理规则（试行）》，提出通过全国碳排放权注册登记系统实施集中统一登记，厘清全国碳排放权登记主体，定期检查登记账户使用情况，根据交易机构成交结果办理交易登记，保存原始资料的同时进行凭证电子化管理。

2021年5月，生态环境部发布《碳排放权交易管理规则（试行）》，指出全国碳排放权的交易主体与交易产品，并表明碳排放权交易应当通过全国碳排放权交易系统进行，交易产品可根据有关规定适时增加，可以采取协议转让、单向竞价或者其他符合规定的方式。

2021年5月，生态环境部发布《碳排放权结算管理规则（试行）》，指明注册登记机构应当选择符合条件的商业银行作为结算银行，并在结算银行开立交易结算资金专用账户，注册登记机构应与结算银行签订结算协议，同时实行分账管理。

2021年10月，生态环境部办公厅印发《关于做好全国碳排放权交易市场数据质量监督管理相关工作的通知》，指出要切实提高对做好全国碳市场数据质量监督管理工作重要性的认识，省级生态环境主管部门负有监督管理等重要职责，地方各级生态环境主管部门要提高管理效能。

表1-2　碳交易市场主要"双碳"政策

时间	颁布机构	政策名称
2011年3月	第十一届全国人大	《中华人民共和国国民经济和社会发展第十二个五年规划纲要》
2011年10月	国家发展改革委办公厅	《国家发展改革委办公厅关于开展碳排放权交易试点工作的通知》
2012年6月	国家发展改革委	《温室气体自愿减排交易管理暂行办法》
2012年10月	深圳市人大常委会	《深圳经济特区碳排放管理若干规定》
2014年12月	国家发展改革委	《碳排放权交易管理暂行办法》
2016年1月	国家发展改革委办公厅	《国家发展改革委办公厅关于切实做好全国碳排放权交易市场启动重点工作的通知》
2016年8月	中国人民银行、财政部、国家发展改革委、环境保护部、银监会、证监会、保监会	《关于构建绿色金融体系的指导意见》
2017年12月	国家发展改革委	《全国碳排放权交易市场建设方案（发电行业）》

（续上表）

时间	颁布机构	政策名称
2020 年 7 月	广东省地方金融监管局、人民银行广州分行、广东银保监局、广东证监局、人民银行深圳市中心支行、深圳银保监局、深圳证监局	《关于贯彻落实金融支持粤港澳大湾区建设意见的实施方案》
2020 年 10 月	生态环境部、国家发展和改革委员会、中国人民银行、中国银行保险监督管理委员会、中国证券监督管理委员会	《关于促进应对气候变化投融资的指导意见》
2020 年 12 月	生态环境部	《2019—2020 年全国碳排放权交易配额总量设定与分配实施方案（发电行业)》
		《纳入 2019—2020 年全国碳排放权交易配额管理的重点排放单位名单》
		《碳排放权交易管理办法（试行)》
2021 年 3 月	生态环境部办公厅	《关于公开征求〈碳排放权交易管理暂行条例（草案修改稿)〉的通知》
2021 年 4 月	中共中央办公厅、国务院办公厅	《关于建立健全生态产品价值实现机制的意见》
2021 年 5 月	中国人民银行	《银行业金融机构绿色金融评价方案》
2021 年 5 月	生态环境部	《碳排放权登记管理规则（试行)》
		《碳排放权交易管理规则（试行)》
		《碳排放权结算管理规则（试行)》

（续上表）

时间	颁布机构	政策名称
2021 年 10 月	生态环境部办公厅	《关于做好全国碳排放权交易市场数据质量监督管理相关工作的通知》

资料来源：根据公开信息整理。

三、清洁能源政策

清洁能源，即绿色能源，是指不排放污染物、能够直接用于生产生活的能源，它包括核能和可再生能源。

2021 年 11 月，国资委印发《关于推进中央企业高质量发展做好碳达峰碳中和工作的指导意见》，提出到 2025 年、2030 年以及 2060 年做好碳达峰、碳中和工作的主要目标，明确构建清洁低碳安全高效能源体系、建立完善绿色低碳循环产业体系及碳排放管理机制、强化绿色低碳技术科技攻关和创新应用、推动绿色低碳转型发展等方向。

2021 年 11 月，国家发展改革委等部门联合印发《贯彻落实碳达峰碳中和目标要求 推动数据中心和 5G 等新型基础设施绿色高质量发展实施方案》，提出到 2025 年，数据中心和 5G 基本形成绿色集约的一体化运行格局，重点推进强化统筹布局、创新节能技术、利用绿色能源等任务。

2021 年 11 月，工业和信息化部印发《"十四五"工业绿色发展规划》，提出到 2025 年，工业产业结构、生产方式绿色低碳转型取得显著成效，绿色低碳技术装备广泛应用，能源资源利用效率大幅提高，绿色制造水平全面提升，为 2030 年工业领域碳达峰奠定坚实基础。

表 1-3　清洁能源主要"双碳"政策

时间	颁布机构	政策名称
2021 年 11 月	国资委	《关于推进中央企业高质量发展做好碳达峰碳中和工作的指导意见》
	国家发展改革委等部门	《贯彻落实碳达峰碳中和目标要求 推动数据中心和 5G 等新型基础设施绿色高质量发展实施方案》
	工业和信息化部	《"十四五"工业绿色发展规划》

资料来源：根据公开信息整理。

四、新能源汽车政策

2022 年 1 月，国家发展改革委等部门印发《促进绿色消费实施方案》，要求到 2025 年，重点领域消费绿色转型取得明显成效，绿色低碳循环发展的消费体系初步形成，到 2030 年，重点领域消费绿色低碳发展模式基本形成，绿色消费制度政策体系和体制机制基本健全，并提出强化绿色消费科技和服务支撑、建立健全绿色消费制度保障体系、促进重点领域消费绿色转型等举措。

2022 年 1 月，国家发展改革委、国家能源局等多部门联合印发《关于进一步提升电动汽车充电基础设施服务保障能力的实施意见》，提出加快推进居住社区充电设施建设安装，提升城乡地区充换电保障能力，加强车网互动等新技术研发应用，做好充电设施运维和网络服务、配套电网建设与供电服务，加强监管质量和安全监管，以及加大财政金融支持力度。

表 1 - 4　新能源汽车主要"双碳"政策

时间	颁布机构	政策名称
2022 年 1 月	国家发展改革委等部门	《促进绿色消费实施方案》
	国家发展改革委、国家能源局等多部门	《关于进一步提升电动汽车充电基础设施服务保障能力的实施意见》

资料来源：根据公开信息整理。

第二节　广东省行业"双碳"相关政策梳理

本节梳理广东省交通行业与建筑行业低碳发展相关的政策意见，其中，交通行业低碳政策 2 项、建筑行业低碳政策 3 项。

一、广东省交通行业低碳政策

2019 年 6 月，广东省交通运输厅印发《加快推进高速公路建设管理现代化的指导意见》，从人本化、专业化、标准化、智慧化、安全化、品质工程、绿色环保、科技创新八个方面提出推进高速公路建设管理现代化的 30 项重点任务措施。

2021 年 9 月，广东省人民政府办公厅印发《广东省综合交通运输体系"十四五"发展规划》，提出到 2025 年，总体建成贯通全省、畅通国内、连接全球的现代综合交通运输体系，到 2035 年，率先全面建成现代综合交通运输体系，一流设施、一流技术、一流管理、一流服务总体形成。

表1-5 广东省交通行业主要低碳政策

时间	颁布机构	政策名称
2019年6月	广东省交通运输厅	《加快推进高速公路建设管理现代化的指导意见》
2021年9月	广东省人民政府办公厅	《广东省综合交通运输体系"十四五"发展规划》

资料来源：根据公开信息整理。

二、广东省建筑行业低碳政策

2013年11月，广东省人民政府办公厅印发《广东省绿色建筑行动实施方案》，提出逐步推行绿色建筑标准，切实提高绿色建筑在全省新建建筑中的比重，落实10项主要任务，到2020年底，绿色建筑占全省新建建筑比重力争达到30%以上，建筑建造和使用过程能源资源消耗水平接近或达到同期发达国家水平，公共建筑全面实行能耗定额管理。

2020年11月，广东省第十三届人大常委会发布《广东省绿色建筑条例》，提出全面推行绿色建筑实行等级管理、全力打造大湾区绿色建筑发展新高地、全过程加强建设管控、全环节加强运行监管以及全套推出绿色建筑激励措施。

2022年3月，广东省住房和城乡建设厅发布《广东省建筑节能与绿色建筑发展"十四五"规划》，总体目标为：以建筑节能与绿色建筑高质量发展推动城乡建设更高质量、人居环境更加优良、人民生活更有品质、温室气体更少排放，到2025年，建筑能源利用效率稳步提升，建筑能耗和碳排放增长趋势得到有效控制，绿色建筑全面建设，以装配式建筑为代表的新型建筑工业化加快发展，装配式建筑标准化水平和建造质量进一步提高，绿色建材应用形成长效机制，为城乡建设领域2030年前碳达峰奠定坚实基础。提出5项基本原则以及5项重点任务。

表 1-6 广东省建筑行业主要低碳政策

时间	颁布机构	政策名称
2013 年 11 月	广东省人民政府办公厅	《广东省绿色建筑行动实施方案》
2020 年 11 月	广东省第十三届人大常委会	《广东省绿色建筑条例》
2022 年 3 月	广东省住房和城乡建设厅	《广东省建筑节能与绿色建筑发展"十四五"规划》

资料来源：根据公开信息整理。

第二部分

交通行业
低碳发展的
现状及趋势

第一节　相关行业低碳政策分析

自 2020 年 9 月，习近平主席在第 75 届联合国大会提出"2030 年前实现碳达峰、2060 年前实现碳中和"的"双碳"目标后，我国政府部门陆续出台支持绿色交通的相关政策，如推广清洁能源公共交通，支持充电桩等新能源汽车配套基础建设，出台新能源汽车的车辆购置税减免政策等。

随着我国交通工具保有量的不断增长与后疫情时代出行需求的反弹，在未来很长一段时期内，绿色发展仍然是交通领域的主旋律。在"双碳"目标下，如何加强交通领域节能减排的顶层设计和系统谋划，切实推进交通领域低碳甚至零碳发展，值得更为深入地研究和探讨。

本节基于国家层面梳理交通行业和建筑行业的低碳政策，其中，交通行业低碳政策 19 份，大部分政策出自交通运输部，还有 3 份政策分别为《国务院关于加快建立健全绿色低碳循环发展经济体系的指导意见》《中共中央　国务院关于完整准确全面贯彻新发展理念做好碳达峰碳中和工作的意见》《2030 年前碳达峰行动方案》中的交通相关部分。建筑行业低碳政策 17 份，其中 8 份政策为住房和城乡建设部发布。

一、交通行业低碳政策分析

党的十八大以来，交通运输行业深入贯彻落实以习近平同志为核心的党中央关于生态文明建设的新理念、新思想、新战略，全力推动交通运输的科学发展，在绿色交通方面取得了积极成效。从 2013 年开始，政府层面持续出台相关政策法规推进绿色交通行业快速发展，以匹配现代化经济体系的建设需求，为全面建成社会主义现代化强国提供重要基础支撑。"十四五"时期是加快推进交通强国建设的关键阶段，交通运输部积极响应国家改革和发展措施，根据现阶段国内综合交通运输体系发展的特点，出台了符合国内建设条件的交通发展政策及规划。

2005年9月，交通部印发《公路水路交通中长期科技发展规划纲要（2006—2020年）》，提出通过科技创新，发展智能化数字交通管理技术、特殊自然环境下建养技术、一体化运输技术、交通科学决策支持技术、交通安全保障技术和绿色交通技术六大重点技术，以提高交通系统的供给能力、交通运输的管理能力、交通可持续发展能力。

2008年7月，交通运输部发布《公路、水路交通实施〈中华人民共和国节约能源法〉办法》，对交通节能技术标准作了规定：一是明确各级交通运输主管部门应当采取措施严格执行交通运输营运车船燃料消耗准入与退出制度；二是明确交通运输部应当制定、修订装机功率超过300千瓦的港口机械等交通用能设备的单位产品能耗限值标准；三是加大制定、修订节能标准的力度；四是将组织研究制定公路、水路运输节能减排标准框架体系，完善交通节能标准的制定、修订工作。

2012年1月，交通运输部印发《公路水路交通运输环境保护"十二五"发展规划》，提出为实现"十二五"公路水路交通运输环保发展目标，重点推进交通运输环境保护工作，并提出七项主要任务。

2013年5月，交通运输部印发《加快推进绿色循环低碳交通运输发展指导意见》，提出要强化交通基础设施建设的绿色循环低碳要求，加快绿色循环低碳交通运输管理能力建设，完善绿色循环低碳交通运输战略规划，完善绿色循环低碳交通运输法规标准，完善绿色循环低碳交通运输统计监测考核体系，推进绿色循环低碳交通运输市场机制运用，积极探索参与碳排放交易机制。

2016年7月，交通运输部印发《关于实施绿色公路建设的指导意见》，明确了绿色公路的发展思路和建设目标，提出了五大主要任务及五个专项行动，推动全面提升公路建设理念，转变公路建设发展转型升级方式。

2017 年 11 月，交通运输部发布《交通运输部关于全面深入推进绿色交通发展的意见》，提出以交通强国战略为统领，以深化供给侧结构性改革为主线，着力实施七大工程，加快构建绿色发展制度标准、科技创新和监督管理三大体系，实现绿色交通由被动适应向先行引领、由试点带动向全面推进、由政府推动向全民共治转变，推动形成绿色发展方式和生活方式等主要内容。

2018 年 5 月，行业标准《绿色交通设施评估技术要求 第 1 部分：绿色公路》发布，规定了绿色公路评估的基本要求、评估指标体系和评估方法，适用于新建、改扩建的二级及以上等级公路。

2019 年 5 月，交通运输部等十二部门和单位印发《绿色出行行动计划（2019—2022 年）》，提出要构建完善综合运输服务网络，加快城际交通一体化建设，提升现代化客运服务水平，推进实施旅客联程联运，优化城市道路网络配置；大力提升公共交通服务品质，提高公交供给能力，提高公交运营速度，改善公众出行体验；优化慢行交通系统服务，完善慢行交通系统建设，加强慢行系统环境治理；提升绿色出行装备水平，推进绿色车辆规模化应用，加快充电基础设施建设；大力培育绿色出行文化，开展绿色出行宣传，完善公众参与机制等。

2019 年 12 月，交通运输部印发《推进综合交通运输大数据发展行动纲要（2020—2025 年）》，总体思路是以数据资源赋能交通发展为切入点，按照统筹协调、应用驱动、安全可控、多方参与的原则，聚焦基础支撑、共享开放、创新应用、安全保障、管理改革等重点环节，实施综合交通运输大数据发展"五大行动"，推动大数据与综合交通运输深度融合，有效构建综合交通大数据中心体系，为加快建设交通强国提供有力支撑。

2020 年 1 月，交通运输部发布《公路工程节能规范》，提出了全寿命周期的节能理念，涵盖公路工程全寿命周期的规划、设计、施工、运营及养护各阶段，考虑了工程项目自身特点、土建工程特性、机电信息化特性、养护管理需求及社会用户需求，提出全寿命周期整体有效的节能要求。

2020 年 10 月，交通运输部函发《交通运输部关于广东省开展交通基础设施高质量发展等交通强国建设试点工作的意见》，同意广东省在交通基础设施高质量发展、交通与旅游等产业融合发展、智慧交通建设、枢纽服务效率提升、综合交通运输管理体制机制改革等方面开展试点。

2021 年 2 月，《国务院关于加快建立健全绿色低碳循环发展经济体系的指导意见》印发，强调提升交通基础设施绿色发展水平，将生态环保理念贯穿交通基础设施规划、建设、运营和维护全过程。

2021 年 8 月，交通运输部、科学技术部联合发布《交通运输部 科学技术部关于科技创新驱动加快建设交通强国的意见》，提出要注重先进技术赋能交通运输发展，强化新一代信息技术、工业机器人、新能源、新材料等技术集成应用等重点内容。

2021 年 8 月，交通运输部发布《公路工程利用建筑垃圾技术规范》，提出了建筑垃圾原材料的优选原则，建筑垃圾再生材料在生产加工过程和应用过程中的环保要求，建筑垃圾再生材料的应用范围与技术类别等级划分。

2021 年 10 月，《中共中央 国务院关于完整准确全面贯彻新发展理念做好碳达峰碳中和工作的意见》发布，提出要从三方面加快推进低碳交通运输体系建设：一是优化交通运输结构，二是推广节能低碳型交通工具，三是积极引导低碳出行。

2021 年 10 月，国务院发布《2030 年前碳达峰行动方案》，明确了我国要加快形成绿色低碳运输方式，确保交通运输领域碳排放增长保持在合理区间。主要从以下三点开展交通运输领域碳达峰行动：一是推动运输工具装备低碳转型，二是构建绿色高效交通运输体系，三是加快绿色交通基础设施建设。

2021 年 10 月，交通运输部、国家标准化管理委员会、国家铁路局、中国民用航空局、国家邮政局联合印发《交通运输标准化"十四五"发展规划》，提出加强标准化管理体系建设，构建适应交通运输高质量发展的标准体系框架。进一步明确各领域、各层级标准定位和发展方向，加快服务重大国家战略标准研制，加强重点领域高质量标准有效供给，推进国际标准共建共享，创新标准实施应用和监督管理机制，加强计量、检验检测和认证体系建设等重点任务。

2021 年 10 月，交通运输部印发《绿色交通"十四五"发展规划》，提出到 2025 年，交通运输领域绿色低碳生产方式初步形成，基本实现基础设施环境友好、运输装备清洁低碳、运输组织集约高效，重点领域取得突破性进展，绿色发展水平总体适应交通强国建设阶段性要求。

2021 年 11 月，交通运输部印发《综合运输服务"十四五"发展规划》，指出为推进综合运输服务高质量发展，需凝聚各方面力量和智慧，统筹谋划、开拓创新，提出"十四五"时期着力构建"五个系统"、打造"五个体系"等重点任务。

表 2 - 1　国家交通行业低碳政策

时间	颁布机构	政策名称
2005 年 9 月	交通部	《公路水路交通中长期科技发展规划纲要（2006—2020 年)》
2008 年 7 月	交通运输部	《公路、水路交通实施〈中华人民共和国节约能源法〉办法》
2012 年 1 月	交通运输部	《公路水路交通运输环境保护"十二五"发展规划》
2013 年 5 月	交通运输部	《加快推进绿色循环低碳交通运输发展指导意见》
2016 年 7 月	交通运输部	《关于实施绿色公路建设的指导意见》
2017 年 11 月	交通运输部	《交通运输部关于全面深入推进绿色交通发展的意见》
2018 年 5 月	交通运输环境保护标准化技术委员会	《绿色交通设施评估技术要求 第 1 部分：绿色公路》

（续上表）

时间	颁布机构	政策名称
2019 年 5 月	交通运输部等十二部门和单位	《绿色出行行动计划（2019—2022 年)》
2019 年 12 月	交通运输部	《推进综合交通运输大数据发展行动纲要（2020—2025 年)》
2020 年 1 月	交通运输部	《公路工程节能规范》
2020 年 10 月	交通运输部	《交通运输部关于广东省开展交通基础设施高质量发展等交通强国建设试点工作的意见》
2021 年 2 月	国务院	《国务院关于加快建立健全绿色低碳循环发展经济体系的指导意见》
2021 年 8 月	交通运输部、科学技术部	《交通运输部 科学技术部关于科技创新驱动加快建设交通强国的意见》
2021 年 8 月	交通运输部	《公路工程利用建筑垃圾技术规范》
2021 年 10 月	中共中央、国务院	《中共中央 国务院关于完整准确全面贯彻新发展理念做好碳达峰碳中和工作的意见》
2021 年 10 月	国务院	《2030 年前碳达峰行动方案》
2021 年 10 月	交通运输部、国家标准化管理委员会、国家铁路局、中国民用航空局、国家邮政局	《交通运输标准化"十四五"发展规划》
2021 年 10 月	交通运输部	《绿色交通"十四五"发展规划》
2021 年 11 月	交通运输部	《综合运输服务"十四五"发展规划》

资料来源：根据公开信息整理。

二、建筑行业低碳政策分析

党的十八大以来，"绿水青山就是金山银山"的理念深入人心，绿色发展成为当今时代潮流，发展绿色建筑更是我国城乡住房建筑行业践行绿色发展理念的重要实践。我国于 2006 年发布了第一部《绿色建筑评价标准》（GB/T 50378—2006），并于 2014 年和 2019 年分别进行了两次修订。最新版《绿色建筑评价标准》（GB/T 50378—2019）中，不仅包括绿色建筑对资源节约的要求，还增加安全耐久、健康舒适、生活便利、环境宜居等相关内容，更加注重人民安全感、获得感和幸福感。

在此基础上，我国持续完善绿色建筑的政策体系建设，为提高建筑绿色低碳发展质量，降低建筑能源资源消耗提供有力保障。2013 年国家《绿色建筑行动方案》以及各地方绿色建筑行动实施方案相继出台，2014 年《国家新型城镇化规划（2014—2020 年)》发布，进一步明确了绿色建筑的发展战略与目标要求，基本建立了我国绿色建筑政策框架。

2019 年住建部颁布新版《绿色建筑评价标准》，该标准成为规范和引领我国绿色建筑发展的根本性技术标准。随后，绿色建筑政策不断出台，国家推进建筑领域低碳发展的步伐加快。2020 年住建部等七部门共同发布《绿色建筑创建行动方案》，将推动超低能耗建筑、近零能耗建筑发展，推广可再生能源应用。

国家"双碳"目标确定之后，绿色建筑政策进一步深化和落实，2021 年相继推出《绿色建筑标识管理办法》《建筑节能与可再生能源利用通用规范》《关于推动城乡建设绿色发展的意见》等多项政策，2022 年 3 月《"十四五"建筑节能与绿色建筑发展规划》发布，2022 年 4 月《建筑节能与可再生能源利用通用规范》强制执行。建筑行业的政策举措不断出台且要求日趋明确和严格，表明了我国在建筑行业推进碳达峰、碳中和的决心。相关政策详见表 2 - 2。

表 2-2　国家建筑行业低碳政策

时间	颁布机构	政策名称
2013 年 1 月	国务院办公厅	《绿色建筑行动方案》
2014 年 3 月	中共中央、国务院	《国家新型城镇化规划（2014—2020 年）》
2016 年 8 月	住房和城乡建设部	《住房城乡建设事业"十三五"规划纲要》
2016 年 12 月	国务院	《"十三五"节能减排综合工作方案》
2017 年 3 月	住房和城乡建设部	《建筑节能与绿色建筑发展"十三五"规划》
2017 年 4 月	住房和城乡建设部	《建筑业发展"十三五"规划》
2018 年 3 月	住房和城乡建设部建筑节能与科技司	《住房城乡建设部建筑节能与科技司 2018 年工作要点》
2019 年 3 月	住房和城乡建设部	《绿色建筑评价标准》
2020 年 7 月	住房和城乡建设部、国家发展改革委、教育部、工信部、人民银行、国管局、银保监会	《绿色建筑创建行动方案》
2021 年 1 月	住房和城乡建设部	《绿色建筑标识管理办法》
2021 年 9 月	住房和城乡建设部	《建筑节能与可再生能源利用通用规范》
2021 年 10 月	国务院	《2030 年前碳达峰行动方案》
2021 年 10 月	中共中央办公厅、国务院办公厅	《关于推动城乡建设绿色发展的意见》
2021 年 11 月	国家发展改革委等部门	《高耗能行业重点领域能效标杆水平和基准水平（2021 年版）》

（续上表）

时间	颁布机构	政策名称
2021 年 12 月	国务院	《"十四五"节能减排综合工作方案》
2022 年 2 月	国家发展改革委等部门	《高耗能行业重点领域节能降碳改造升级实施指南（2022 年版）》
2022 年 3 月	住房和城乡建设部	《"十四五"建筑节能与绿色建筑发展规划》

资料来源：根据公开信息整理。

第二节　交通行业碳排放现状与趋势分析

全球气候变化正在对人类社会构成巨大威胁。2020 年，全球与能源相关的二氧化碳排放量高达 315 亿吨，且仍在不断增长。二氧化碳排放过量是全球变暖的主要原因，全球变暖会带来冰川融化、海平面上升、高温热浪、生态环境破坏等一系列问题，人类的生产与生活都会受到不可逆转的影响。全球迈进碳中和是气候变暖背景下的必经之路，也是可持续发展的必然选择。实现"双碳"目标，将在人类历史上第一次实现跨国跨界、全球协作的能源革命和产业变革。

在未来三十到四十年间，人类社会必须解决过去两百多年发展所造成的难题，给自己赖以生存的蓝色星球减负降温。这是全球开启的一场空前广泛且深刻的生产方式自我革命。2021 年，在《巴黎协定》签署 5 周年之际，中国向世界宣示了力争 2030 年前实现碳达峰、2060 年前实现碳中和的战略目标。推动碳排放尽早达峰是我国履行国家自主贡献承诺、赢得全球气候治理主动权的重要手段，也是我国建设生态文明、践行绿色发展理念的核心内容和内在要求。

根据《碳排放权交易管理办法（试行）》，"温室气体"是指大气中吸收和重新放出红外辐射的自然和人为的气态成分,包括二氧化碳（CO_2）、甲烷（CH_4）、氧化亚氮（N_2O）、氢氟碳化物（HFCs）、全氟化碳（PFCs）、六氟化硫（SF_6）和三氟化氮（NF_3）。人为活动产生的温室气体排放中,二氧化碳比重最大,约占能源排放量的90%,影响最为重要,因此本研究的碳排放主要是指二氧化碳排放。

一、交通行业碳排放现状分析

（一）全球碳排放现状分析

从排放总量和增速来看,全球碳排放量与经济总量呈现同步上升趋势,但增速近年来有所放缓。2022年3月,国际能源署（International Energy Agency，IEA）发布的《全球能源回顾：2021年二氧化碳排放》报告指出,1900—2021年绝大多数年份二氧化碳排放量均保持增长状态,1980—1982年、2008—2009年以及2019—2020年经济衰退或危机期间则保持一致的下降特征（如图2-1所示）。2021年,全球能源领域二氧化碳排放量达到363亿吨,同比上涨6%,超过了新冠病毒感染疫情暴发前的水平,创下历史最高纪录。IEA认为,2021年飙涨的天然气价格让燃煤发电强势复苏,成为能源领域碳排放量"强劲反弹"的主要原因。

尤其是新冠病毒感染疫情大流行以来,全球碳排放量达到有史以来的最大降幅。国际能源署（IEA，2021）[1] 估计,2020年全球一次能源消费下降近4%,与能源有关的二氧化碳排放量减少近20亿吨,同比下降5.8%；全球碳项目（GCP，2021）[2] 和联合国环境规划署（UNEP，2020）[3] 则预计2020年与能源相关的碳排放量同比下降7%,下降幅度

---

[1] IEA. Global Energy Review：CO_2 Emissions in 2020 ［EB/OL］.（2021-03-02）. http://www.iea.org/articles/global-energy-review-co2-emissions-in-2020.

[2] Pierre Friedlingstein, Michael O'Sullivan, Matthew W. Jones, et al. Global Carbon Budget 2020 ［J］. *Earth System Science Data*, 2020, 12（4）：3269-3340.

[3] 联合国环境规划署. 2020年排放差距报告 ［R］. 2020.

超过 1929—1933 年经济"大萧条"期间的减少量。这主要是由于疫情防控所采取的流动限制导致全球运输业碳排放量显著下降，在 2020 年的全球碳减排量中，运输业占比最大，碳排放量同比下降了近一半。《全球能源回顾：2021 年二氧化碳排放》指出，2021 年全球能源领域的二氧化碳排放量较 2020 年上涨了 20 亿吨以上，增长幅度在创下了历史新高的同时，也抵消了新冠病毒感染疫情暴发以来因经济活动减弱带来的碳排放量下降。

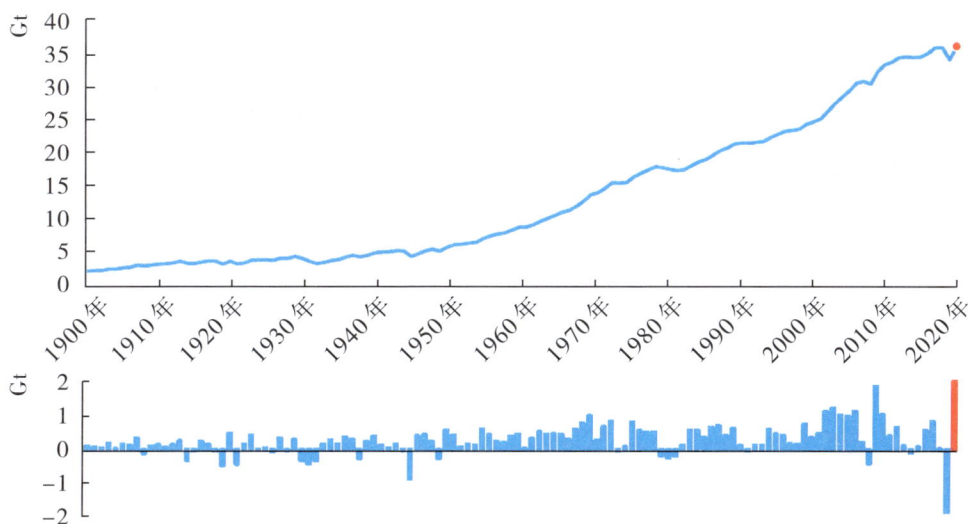

（单位：10 亿吨二氧化碳）

图 2 - 1　全球能源燃烧和工业生产过程产生的二氧化碳排放量及同比变化量

（1900—2021 年）

数据来源：转引自国际能源署《全球能源回顾：2021 年二氧化碳排放》第 3 页。

从碳排放量的国别结构来看，2020 年全球碳排放量前十位的国家分别为中国、美国、印度、俄罗斯、日本、德国、伊朗、韩国、沙特及印度尼西亚。如图 2 - 2 所示，前十国碳排放量在全球占比超过 2/3，前五国占比为 55%，中国、美国、印度三国占比为 50%。如果将欧盟 28 国视为整体，排名前四位的排放主体（中国、美国、欧盟 28 国[①]、印度）的二氧化碳排放量（不包括土地利用变化）占全球排放总量的 58.6%，前六位的排放主体（包括俄罗斯和日本）的排放量占全球总量的 66.3%。这些数据均表明，全球碳排放的国别集中度较高，控制少数国家的碳排放量，即可有效控制全球碳排放总量。中国的减排政策，对全球碳排放量的控制至关重要。

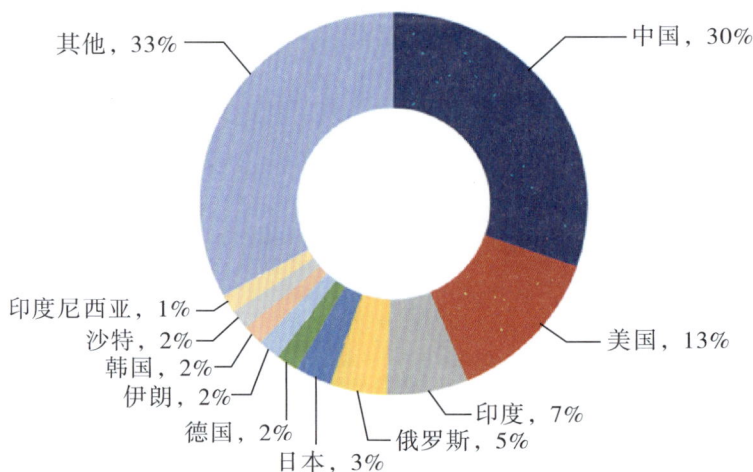

图 2 - 2　全球碳排放量国别结构（2020 年）

数据来源：根据英国石油公司发布的《2021 年世界能源统计年鉴》相关内容整理。

从排放行业来源来看，全球碳排放主要集中在电力热力业、交通运输业和工业。1990 年以来，全球碳排放始终集中在电力热力、交通运输和工业三个部门。如图 2 - 3 所示，1990—2019 年，电力和热力生产供应业、交通运输业和工业的碳排放量分别从 76.21 亿吨、46.10 亿吨、39.54 亿吨增长到 140.68 亿吨、82.22 亿吨、62.54 亿吨；占全行业部门排放总量的比重也分别从 37.16%、22.48%、19.28%（三项合计

---

① 欧盟 28 国是指欧盟的 28 个成员国，包括奥地利、比利时、保加利亚、克罗地亚、塞浦路斯、捷克、丹麦、爱沙尼亚、芬兰、法国、德国、希腊、匈牙利、爱尔兰、意大利、拉脱维亚、立陶宛、卢森堡、马耳他、荷兰、波兰、葡萄牙、罗马尼亚、斯洛伐克、斯洛文尼亚、西班牙、瑞典、英国。英国于 2020 年 1 月正式退出欧盟，在本研究统计期间仍然属于欧盟成员国。

78.92%）变化为41.84%、24.45%、18.60%（三项合计84.89%）。其他行业部门的碳排放量则基本维持在20亿吨以下。

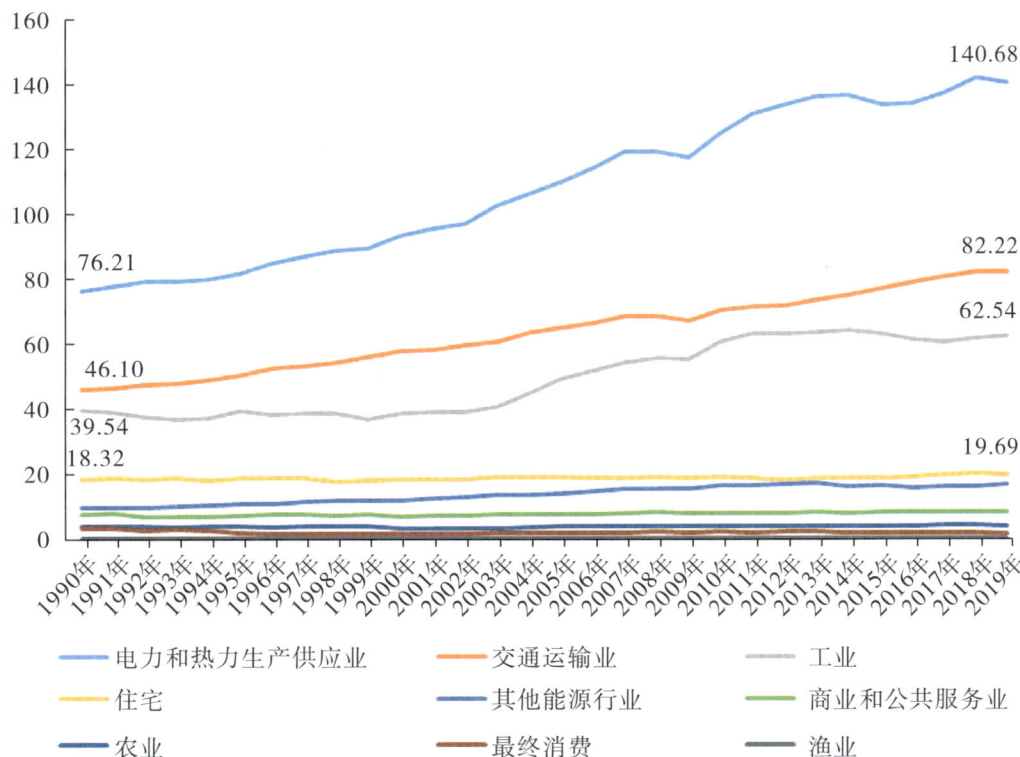

（单位：亿吨二氧化碳）

图 2－3　按行业分类全球碳排放量变动情况（1990—2019 年）

数据来源：根据国际能源署相关数据整理。

交通运输行业是全球第二大碳排放来源。目前陆上交通、航空、航海依然以燃油作为最主要的动力来源，对燃油的高需求会带来大量碳排放。根据国际能源署的数据，2019 年全球范围内交通领域产生的二氧化碳约占全球总排放量的1/5（24.45%），排放量约为80亿吨，其中道路交通领域的排放量约为65亿吨，占整个交通领域的81%。交通运输行业的碳排放量居高不下已经成为世界各国面临的共同挑战。

（二）中国碳排放现状分析

从排放总量和增速来看，中国的碳排放呈现出快速增长态势。虽然中国二氧化碳排放总量较高，但也在控制碳排放、实现绿色发展方面取得了积极进展。自 20 世纪 70 年代以来，中国碳排放量从 9.1 亿吨增长到 2020 年的 116.8 亿吨[①]，规模扩大了约 12 倍，其间经历了三个显著的变化阶段，如图 2 - 4 所示。全球大气研究排放数据库（Emissions Database for Global Atmospheric Research，EDGAR）、中国碳核算数据库（China Emission Accounts and Datasets，CEADs）、英国石油公司（British Petroleum，BP）、世界银行（The World Bank，WB）以及赫永达等[②]均对中国碳排放量作出估计，虽然在绝对数值上有一定差异，但相差并不大，而且碳排放量变化趋势基本一致。

第一阶段（1970—2000 年）为缓慢增长阶段。在长达 30 年的时间里基本保持相对稳定的增长速度，有时甚至会出现一定程度的下降，如 1979—1981 年、1997—1999 年。

第二阶段（2001—2012 年）为高速增长阶段。2001 年中国加入世界贸易组织（World Trade Organization，WTO），经济增长处于出口导向型的工业大发展阶段，这一时期的碳排放增长速度进一步提高且近乎保持线性增长趋势，仅在 2008—2009 年国际金融危机期间有轻微下降。

第三阶段（2013 年至今）为低增长阶段。党的十八大以来，随着供给侧结构性改革与经济高质量发展战略的逐步实施，碳排放量增速逐渐得到控制。到 2019 年，我国单位 GDP 二氧化碳排放量比 2015 年和 2005 年分别下降约 18.2% 和 48.1%，已超过中国对国际社会承诺的 2020 年比 2005 年下降 40%~45% 的目标，基本扭转了温室气体排放快速增长的局面。[③]

---

① Crippa, M., Guizzardi, D., Solazzo, E., et al. GHG emissions of all world countries—2021 Report, EUR 30831 EN ［R］. Publications Office of the European Union, Luxembourg, 2021.

② 赫永达，文红，孙传旺."十四五"期间我国碳排放总量及其结构预测：基于混频数据 ADL – MIDAS 模型 ［J］. 经济问题，2021（4）：10.

③ 胡鞍钢. 中国实现 2030 年前碳达峰目标及主要途径 ［J］. 北京工业大学学报（社会科学版），2021，21（3）：1 – 15.

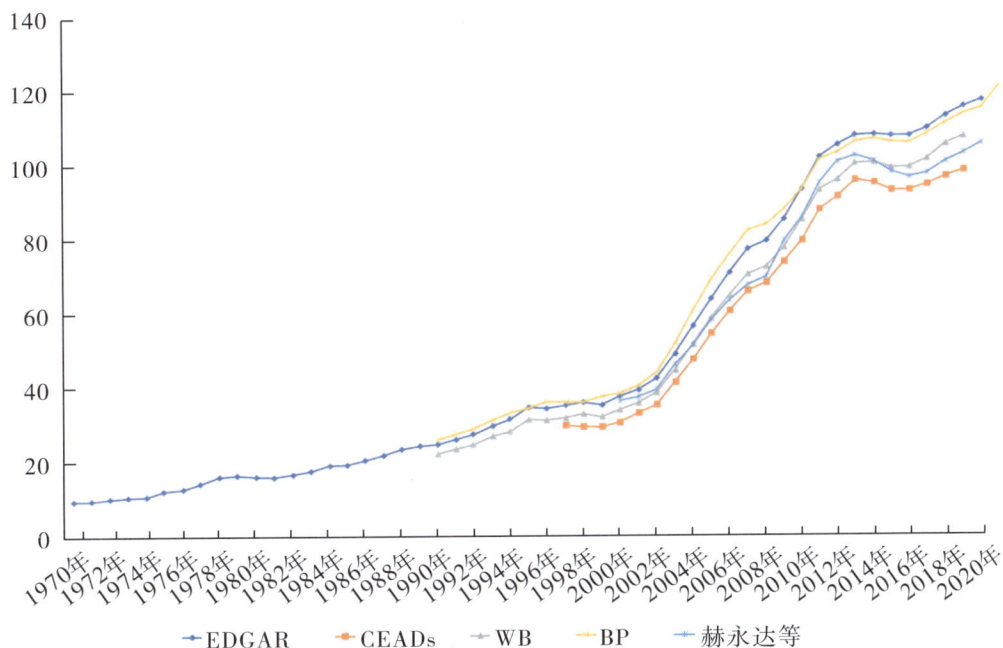

（单位：亿吨）

图 2-4 不同机构发布的中国二氧化碳排放量比较（1970—2020 年）

数据来源：根据全球大气研究排放数据库（EDGAR，https://edgar. jrc. ec. europa. eu/report_2021）、中国碳核算数据库（CEADs，https://www. ceads. net. cn/data/nation）、英国石油公司（BP，https://www. bp. com/en/global/corporate/energy-economics/statistical-review-of-world-energy/co2-emissions. html）、世界银行（WB，https://databank. shihang. org/reports. aspx?source = world-development-indicators）以及赫永达等《"十四五"期间我国碳排放总量及其结构预测：基于混频数据 ADL – MI-DAS 模型》相关数据整理。

注：中国碳核算数据库中，2018 年数据缺失，本研究采用 2017 年与 2019 年的两年平均值进行补齐；2020 年 12 月数据缺失，由于 2020 年下半年新冠病毒感染疫情基本得到控制，与 2019 年下半年碳排放趋势基本一致，因此本研究以 2019 年和 2020 年 7—11 月碳排放量之比作为系数，对 2019 年 12 月碳排放量进行调整，得到 2020 年 12 月碳排放数据。

总体而言，"十四五"期间，中国碳排放量增速将持续放缓。于宏源测算指出，中国能源利用的二氧化碳排放量在 2020 年后将进入相对稳定的平台期，2025 年左右可达峰值，单位 GDP 二氧化碳排放量将持续下降，2030 年比 2005 年下降 70% 以上。[①] 赫永达等预测，中国碳排放量将在 2021 年出现反弹，增速达到 3.71%，但在中长期内增速将持续放缓，碳排放量增速低于 2%，并有负增长态势；预计到 2025 年，全国二氧化碳总排放量接近 115 亿吨，碳排放量或将提前到达峰值，且峰值量优于 130 亿吨的预期规划。[②] 蔡博峰等预测，中国碳排放量将在 2027 年左右达峰，二氧化碳排放量峰值为 106 亿吨，达峰后经历 5～7 年平台期，2030 年二氧化碳排放量为 105 亿吨。[③]

从各省级行政区碳排放总量比较来看，各省级行政区分布不均衡，碳排放的省级行政区集中度较高，且高排放省级行政区特征鲜明。由于经济发展的不平衡以及能源禀赋结构的差异，我国不同区域之间的二氧化碳排放量存在较大差异，通常认为碳排放总量和人均碳排放量的区域排序为：东部＞中部＞西部，而中西部地区碳强度则远高于东部地区。[④] 如图 2-5 所示，1998—2019 年，中国各省级行政区的碳排放总量也都快速增长，其中年均复合增长率（Compound Annual Growth Rate，CAGR）最高的省级行政区为内蒙古（10.3%），其次为新疆（9.4%）。20 世纪 90 年代以来，随着石油、煤炭资源的大规模开发，上述两个省级行政区的碳排放量也出现了较大增长。CAGR 最低的省级行政区为辽宁

① 于宏源. 迈向全球能源强国的可持续路径：学习习近平总书记关于能源安全的讲话 [J]. 学术前沿，2018（4）：61-69.
② 赫永达，文红，孙传旺. "十四五"期间我国碳排放总量及其结构预测：基于混频数据 ADL-MIDAS 模型 [J]. 经济问题，2021（4）：10.
③ 蔡博峰，曹丽斌，雷宇，等. 中国碳中和目标下的二氧化碳排放路径 [J]. 中国人口·资源与环境，2021，31（1）：8.
④ 杜立民. 我国二氧化碳排放的影响因素：基于省级面板数据的研究 [J]. 南方经济，2010，28（11）：20-33；肖雁飞，万子捷，刘红光. 我国区域产业转移中"碳排放转移"及"碳泄漏"实证研究：基于 2002 年、2007 年区域间投入产出模型的分析 [J]. 财经研究，2014（2）：76-85.

（4.8%），由于资源开采速度及经济活动增速相对不快，其碳排放量增速相对较慢。

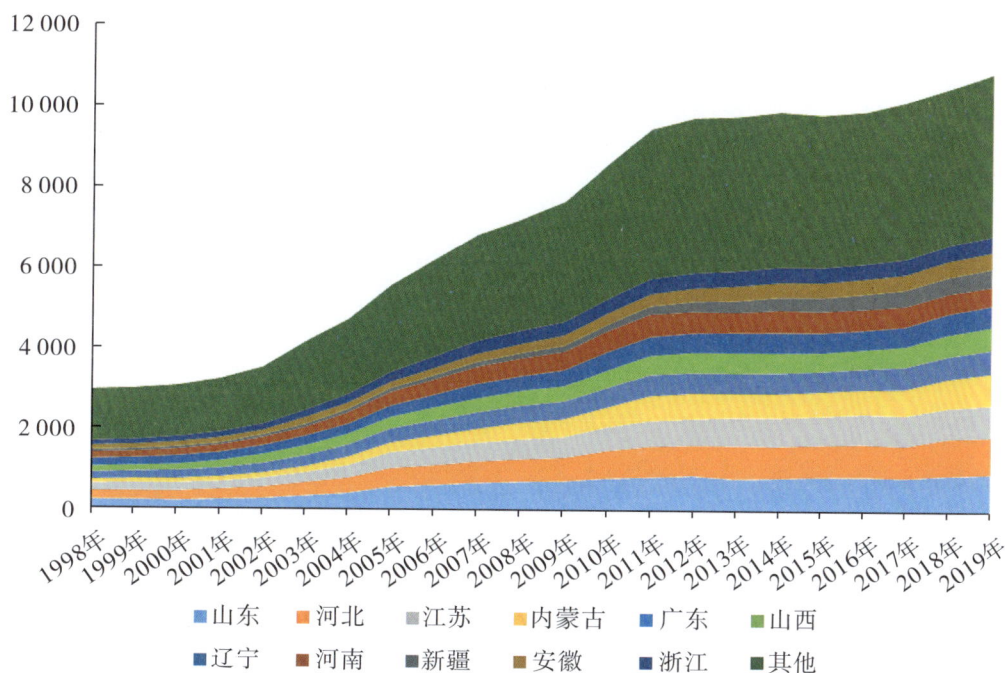

（单位：百万吨二氧化碳）

图 2-5 按省级行政区分类的中国碳排放量变动情况（1998—2019 年）

数据来源：根据中国碳核算数据库相关数据整理。

　　碳排放前四位省级行政区合计占比为 32%，前十位合计占比为 63%，各省级行政区排放量占比差距较大（如图 2-6 所示）。高排放省级行政区分为两类：一是排放型省级行政区，经济发展依赖高排放产业，包括山东（石化）、河北（钢铁）、内蒙古（煤炭）、山西（煤炭）、辽宁（钢铁）、新疆（石化）；二是集群型省级行政区，区域内城市群密集，或人口数量较大，经济活动量较大，包括江苏（0.85 亿人）、广东（1.26 亿人）、浙江（0.65 亿人）、河南（0.99 亿人）。

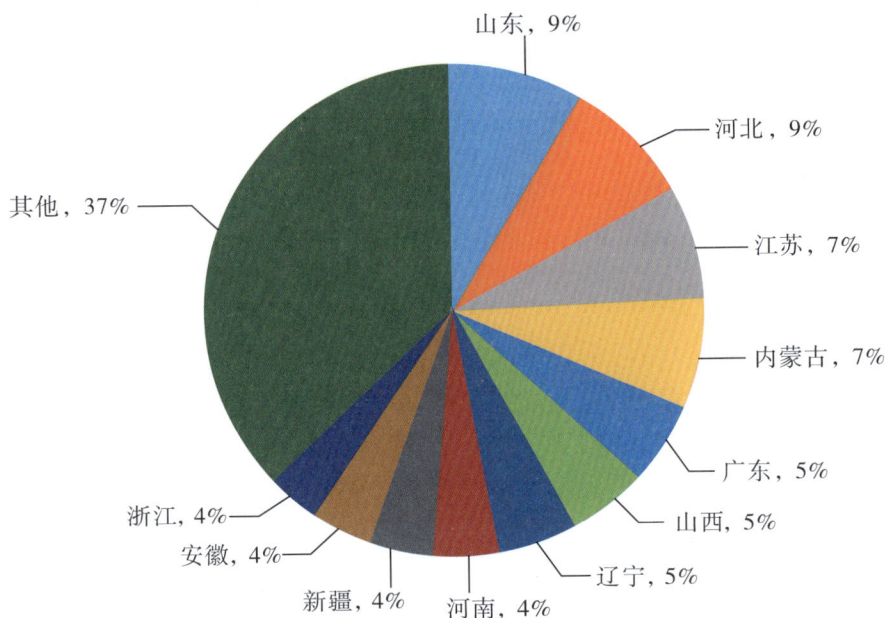

图 2-6　中国碳排放量省级行政区结构（2019 年）

数据来源：根据中国碳核算数据库相关数据整理。

　　从排放来源来看，中国碳排放的行业集中度较高，电力、冶炼、交通运输为重点排放板块。碳排放量在各行业的分配标准以各行业一次能源终端消费量为基础确定。终端能源消费量分为以下四类：第一，作为燃料、动力使用的能源，指将能源投入各种加热、动力等设备，产生光、热、功所消费的能源。第二，作为原料使用的能源，指在工业生产活动中，把能源作为原料投入使用，经过一系列化学反应，逐步转化为另一种新的非能源产品，如化肥厂生产的合成氨、化工厂生产的合成橡胶等产品所消耗的天然气、煤炭、焦炭；生产染料、塑料、轻纺产品所消耗的原料油等。第三，作为材料使用的能源，指一些能源的使用，不构成产品的实体，只起辅助作用的消费，如洗涤用的汽油、柴油、煤油，各种设备所使用的润滑油等。第四，工艺用能，指在生产过程中既不作为原料使用，也不作为燃料、动力使用的工艺用能，如生产电石、电解耗用的能源。需要说明的是，由于碳排放量计算时只涉及一次能源消费，因此电力涉及的碳排放量在发电环节计算，各行业对于电力等二次能源的消费不纳入碳排放量计算。

我国三次产业的碳排放趋势与全国碳排放总量保持一致，2000—2020 年均呈现稳步增长的特征，如图 2 - 7 所示，三次产业的碳排放量分别由 2000 年的 0. 46 亿吨、30. 23 亿吨、5. 23 亿吨增长到 2020 年的 1. 28 亿吨、88. 91 亿吨、15. 02 亿吨，CAGR 分别为 5. 3%、5. 5% 及 5. 4%。在三次产业中，由于第一产业及第三产业排放能力不高，因此第二产业长期占据排放主流，2000—2020 年第二产业碳排放量占排放总量的比重长期维持在 85% 左右，第一产业和第三产业则分别仅占 1% 和 14% 左右。

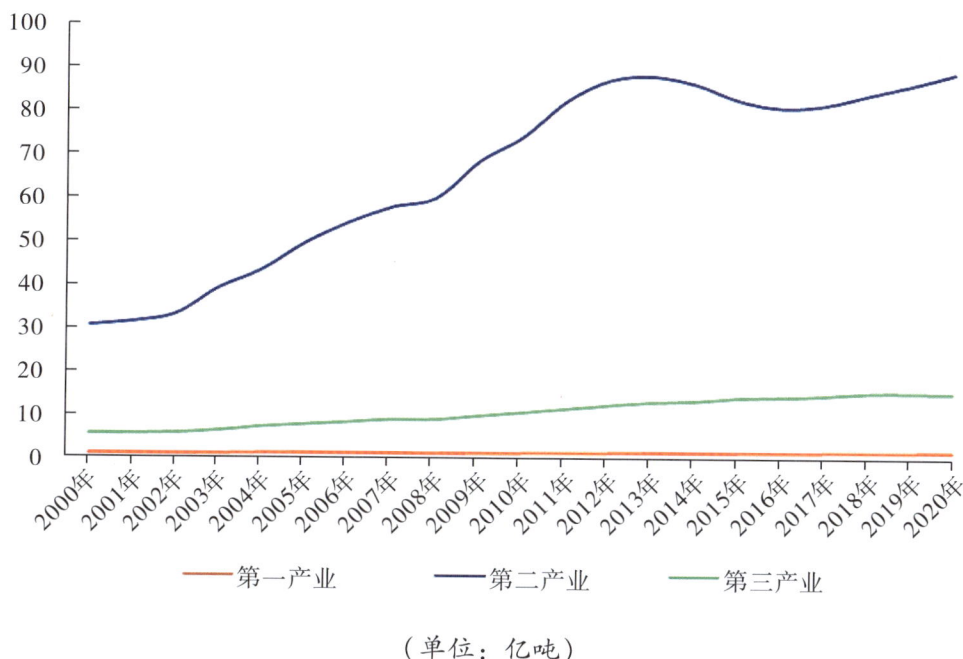

（单位：亿吨）

图 2 - 7 中国三次产业碳排放量变动情况（2000—2020 年）

数据来源：赫永达，文红，孙传旺. "十四五"期间我国碳排放总量及其结构预测——基于混频数据 ADL - MIDAS 模型 [J]. 经济问题，2021（4）：10.

从细分行业来看，2020 年中国碳排放前三的行业分别是燃煤电厂、钢铁和水泥，这三个行业的排放量占比超过了全国总量的 60%（见表 2 - 3、图 2 - 8）。

其中，燃煤电厂排放量高达 35. 39 亿吨，占比超过总量的 1/3，为 34. 11%，是碳排放量最大的行业；其次是钢铁、水泥行业，这两个行业碳排放量分别是 15.98 亿吨和 11.12 亿吨，对总量的贡献均超过 10%，分别为 15.40% 和 10.72%；石油化工、工业燃煤供热和工业燃煤锅炉等20 个行业贡献了剩下不到 40% 的碳排放量。

从行业大类来看，工业碳排放量最多，为 51.64 亿吨，占比约 50%；电力碳排放量为 36.65 亿吨，位列第二，占比约 35%；移动源（汽油车、柴油车和非道路机械）碳排放量为 9.08 亿吨，占比约 9%；最后是民用行业碳排放量，为 6.4 亿吨，占比约 6%。

其中，比较意外的数据是在大众印象中严重污染环境的燃油车等交通工具移动源，实际上每年只贡献了 9% 的碳排放，不到电力碳排放量的 1/4。

表 2-3　2020 年中国细分行业碳排放数据

行业大类	细分行业	碳排放量/亿吨	占比/%
电力	燃煤电厂	35.39	34.11
工业	钢铁	15.98	15.40
工业	水泥	11.12	10.72
工业	石油化工	5.49	5.29
工业	工业燃煤供热	5.00	4.82
工业	工业燃煤锅炉	4.16	4.01
移动源	汽油车	3.98	3.84
移动源	柴油车	3.59	3.46
工业	其他工业锅炉	3.51	3.38
民用	其他民用燃烧	2.67	2.57
工业	民用燃煤供热	2.57	2.48
民用	乡村民用燃煤	2.48	2.39

（续上表）

行业大类	细分行业	碳排放量/亿吨	占比/%
工业	其他建材生产	1.92	1.85
移动源	非道路机械	1.51	1.46
工业	有色金属冶炼	1.39	1.34
电力	其他燃料电厂	1.26	1.21
民用	城镇民用燃煤	1.25	1.20
工业	其他燃料供热	0.5	0.48
合计		103.76	100

数据来源：网易研究局. http://money.163.com/special/tanzhonghebaogao.

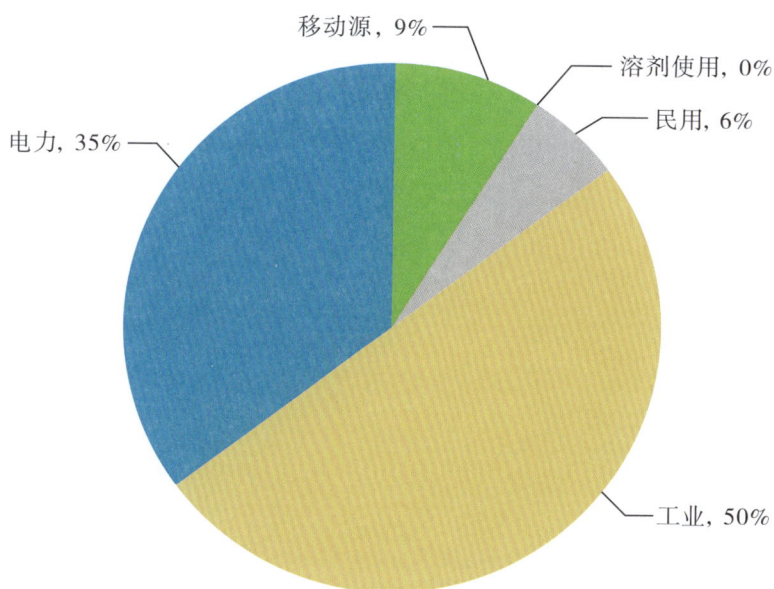

图 2-8 2020 年中国细分行业碳排放量占比情况

数据来源：网易研究局. http://money.163.com/special/tanzhonghebaogao.

1997—2020 年，各行业的碳排放量都呈现出一定程度的增长，其中交通运输、仓储及邮电通信业，批发零售贸易和餐饮业的碳排放增速较快，这些行业随着经济活动强度的增加、城市规模的扩大而高速发展，逐渐成为新增碳排放的重要来源。根据 IEA 统计数据，目前我国交通运输领域的碳排放占社会总碳排放的比重达 9.7%，其中约 80% 的碳排放来自路面交通（占全国总碳排放的 7.85%）。若包含交通工具生产和供应链环节的碳排放，交通领域总体碳排放占社会总碳排放的比重将超过 10%。交通运输业的碳排放主要来源于交通运输工具燃料燃烧，随着经济增长，对交通运输的需求不断增加，预计交通运输业的碳排放将会继续保持增长趋势，占比也将同样提升。

（三）广东省碳排放现状分析

1. 总体情况

"十二五"以来，广东省经济社会保持平稳较快发展，能源消费和二氧化碳排放量持续增加。2010—2020 年，全省 GDP 年均增长约 7.9%，能源消费总量从 25 481 万吨标煤增加到 34 503 万吨标煤，二氧化碳排放从 47 238 万吨增加到 55 428 万吨（见表 2-4、图 2-9、图 2-10）。能源消费量持续增长，但煤炭消费量于 2011 年出现峰值，约为 1.90 亿吨。全省碳排放在 2011 年和 2018 年分别出现两个阶段高点，2011 年的阶段高点主要是煤炭消费量达峰引致的，2018 年的阶段高点主要是 2019 年江门台山核电一期投产和西电调入量增多导致当年度碳排放量有所回落引致的。

表 2-4　2010—2020 年广东省能源消费总量和二氧化碳排放变化趋势

年份	能源消费总量/万吨标煤	碳排放/万吨二氧化碳	煤炭消费量		石油消费量		天然气消费量		省外输入电量/亿千瓦时
			标准量/万吨标煤	实物量/万吨	标准量/万吨标煤	实物量/万吨	标准量/万吨标煤	实物量/亿立方米	
2010	25 481	47 238	11 549	16 499	7 254	4 968	1 253	94	857
2011	27 080	51 478	13 289	18 985	7 025	4 812	1 500	113	696

（续上表）

年份	能源消费总量/万吨标煤	碳排放/万吨二氧化碳	煤炭消费量		石油消费量		天然气消费量		省外输入电量/亿千瓦时
			标准量/万吨标煤	实物量/万吨	标准量/万吨标煤	实物量/万吨	标准量/万吨标煤	实物量/亿立方米	
2012	27 802	50 387	12 612	18 017	7 022	4 810	1 527	115	983
2013	28 480	52 453	13 059	18 655	7 177	4 916	1 628	122	1 175
2014	29 593	53 093	12 635	18 050	7 354	5 037	1 760	132	1 709
2015	30 117	53 271	12 246	16 587	7 818	5 329	1 912	144	1 694
2016	31 211	53 496	11 858	16 135	8 288	5 632	2 209	166	1 738
2017	32 309	56 148	12 578	17 172	8 642	5 890	2 401	181	1 781
2018	33 330	56 806	12 486	17 068	8 933	6 113	2 514	189	1 930
2019	34 142	55 587	11 844	16 834	8 895	6 079	2 717	206	2 021
2020	34 503	55 428	11 365	15 496	8 726	5 964	3 575	269	2 057

数据来源：转引自《广东省二氧化碳达峰研究报告》第5页。

注：根据《省级二氧化碳排放达峰行动方案编制指南（征求意见稿）》，碳排放扣除了航空用油产生的碳排放，石油消费量也扣减了航空油品消费量。

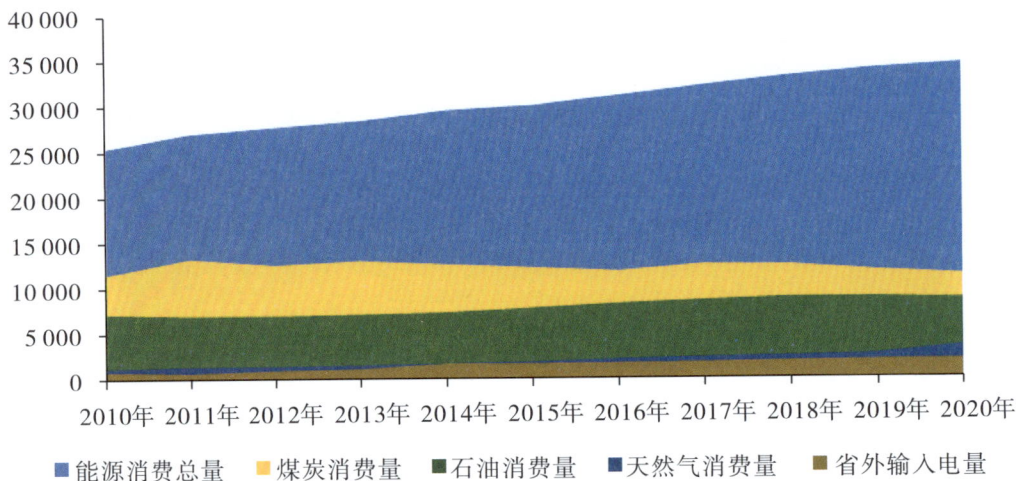

（单位：万吨标煤）

图 2 - 9   2010—2020 年广东省分能源品种的能源消费情况

数据来源：转引自《广东省二氧化碳达峰研究报告》第 5 页。

注：石油消费量扣减了航空油品消费量。

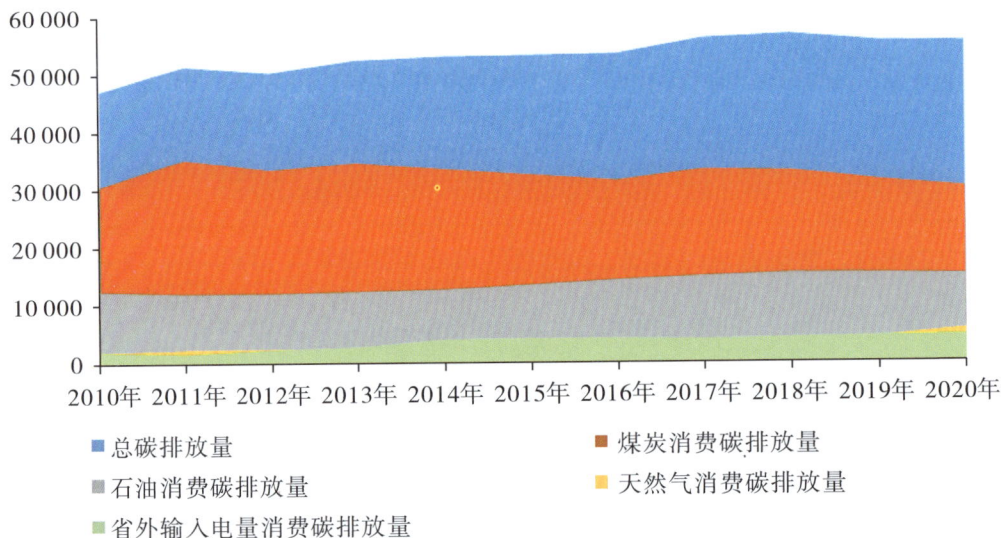

（单位：万吨二氧化碳）

图 2 - 10   2010—2020 年广东省各类能源的二氧化碳排放

数据来源：转引自《广东省二氧化碳达峰研究报告》第 6 页。

注：石油消费碳排放量扣除了航空用油产生的碳排放量。

2. 碳排放构成

从能源品种来看，2020 年煤炭消费碳排放量占比最大，为 54.54%，其次是石油消费碳排放量，占比 27.24%，天然气和输入电量消费碳排放量占比相对较小（见图 2-11）。从行业来看，2020 年本地发电碳排放和工业直接碳排放是碳排放主要领域，两者合计占比约 72%，其次是交通运输和居民生活碳排放，合计约占 16%。其中，工业直接碳排放中由大到小依次是非金属矿物制品业，黑色金属冶炼及压延加工业，石油加工、炼焦及核燃料加工业，化学原料及化学制品制造业，其占碳排放总量的比重分别为 9.0%、4.9%、4.6% 和 3.4%（见图 2-12）。从区域来看，2019 年珠三角碳排放量占全省碳排放总量的 64.7%，其中占比较大的地市分别为广州、东莞、佛山、深圳和惠州，分别占全省碳排放总量的 16.5%、9.5%、8.9%、8.7% 和 8.0%；东翼、西翼和山区的碳排放量分别占全省碳排放总量的 9.1%、15.1% 和 11.1%（见图 2-13）。

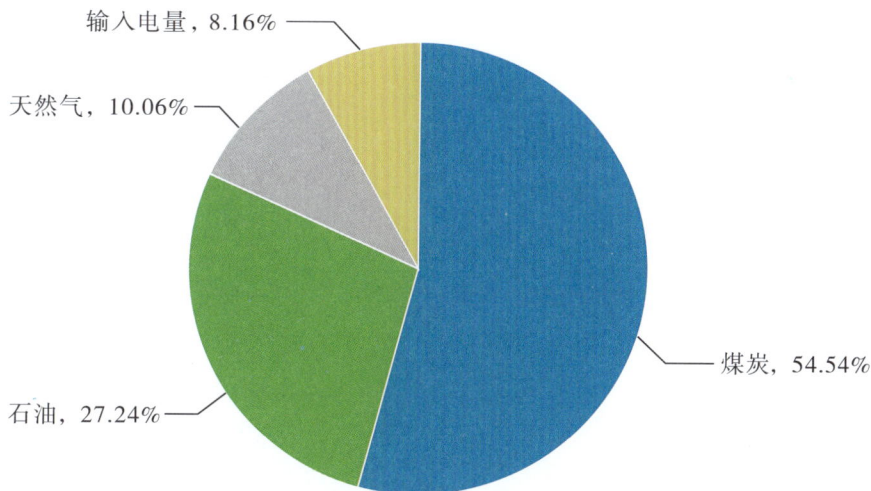

图 2-11 2020 年广东省各类能源的二氧化碳排放占比

数据来源：转引自《广东省二氧化碳达峰研究报告》第 7 页。

非供电部分碳排放，49.7%

本地发电碳排放，42.9%

输入电碳排放，7.4%

工业直接碳排放合计占比28.9%

| 9.1% | 7.1% | 9.0% | 4.9% | 4.6% | 3.4% | 7.0% | 4.5% |

- 交通运输
- 居民生活
- 非金属矿物制品业
- 黑色金属冶炼及压延加工业
- 石油加工、炼焦及核燃料加工业
- 化学原料及化学制品制造业
- 其他工业
- 农业、建筑业及其他服务业

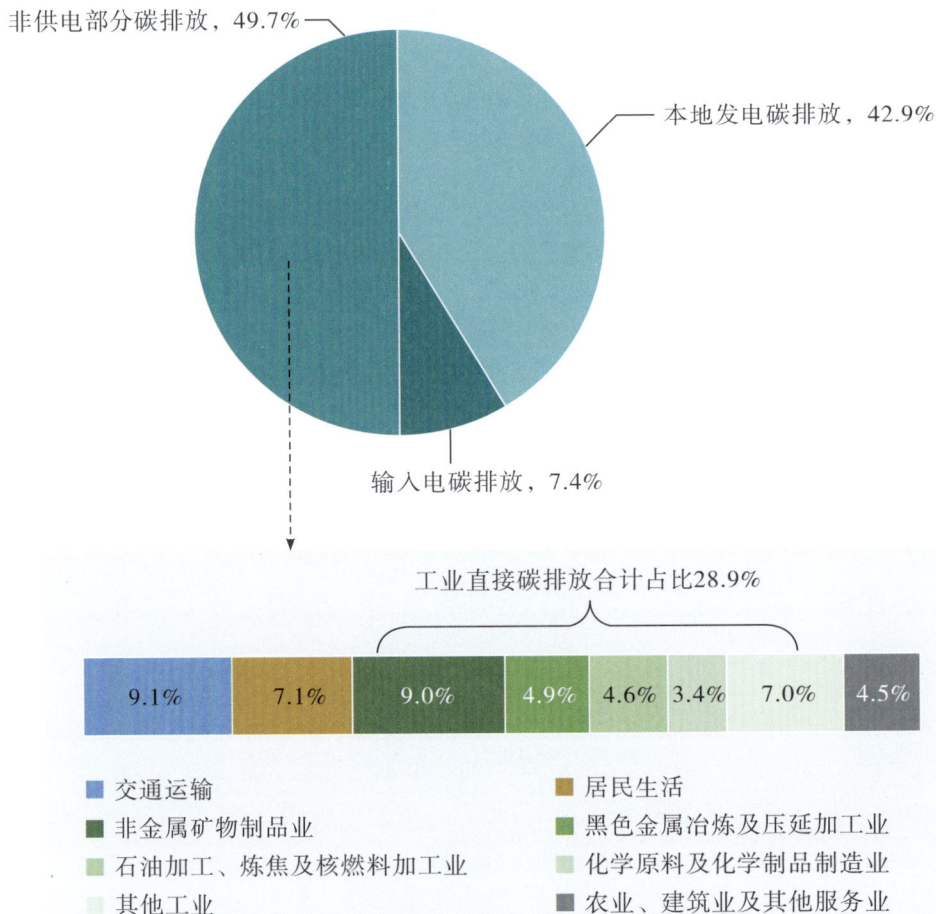

图 2 – 12 2020 年广东省各行业的二氧化碳排放占比

数据来源：转引自《广东省二氧化碳达峰研究报告》第 7 页。

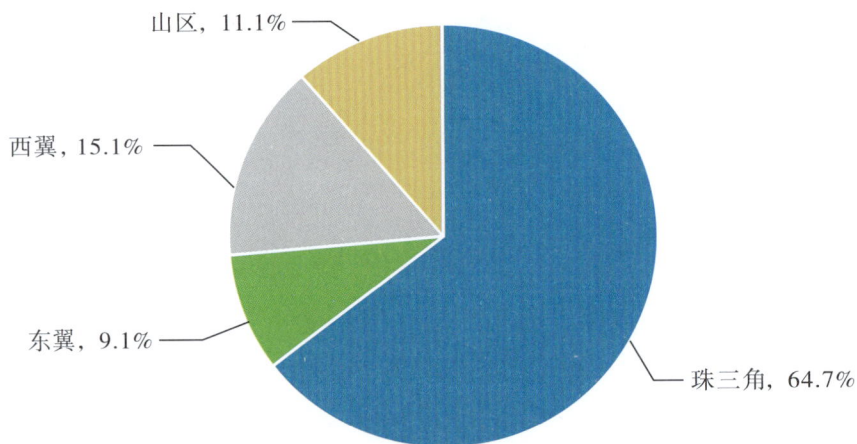

山区，11.1%

西翼，15.1%

东翼，9.1%

珠三角，64.7%

图 2 – 13 2019 年广东省各区域的二氧化碳排放占比

数据来源：转引自《广东省二氧化碳达峰研究报告》第 7 页。

二、交通行业碳排放趋势分析

对我国而言，如期实现"双碳"目标，面临着前所未有的多重挑战，其关键在于碳排放强度的下降速度要超过经济增长的速度。[①] 一方面，全球实现碳排放达峰的国家基本上是发达国家或后工业化国家，但是中国与欧美国家处在不同的发展水平和经济增长阶段，具有不同的产业结构类型、能源消费强度和能源消费结构，而且中国碳排放总量明显超过欧美。[②] 因此，国外低碳转型的成功经验无法在中国复制，中国需要寻找一条适合国情的低碳转型道路，以实现二氧化碳减排达峰的需求。[③] 另一方面，由于能源结构变化的时滞性和产业结构中的碳锁定效应，通过能源结构和产业结构调整难以在短时期内较大程度地促进碳减排[④]；而且由于技术进步对碳排放作用的双重性，中国的技术减排存在反弹效应，技术进步的减排收益有一半以上被抵消，仅仅依靠技术进步进行减排，很难在2030年左右达到碳排放峰值。[⑤] 因此，中国需要更加系统全面地筹划碳减排方案，综合考虑技术、结构、制度等因素之间的相互作用，统筹短期目标与长期目标之间的平衡衔接，分步骤、有节奏地制订符合行业异质性和区域异质性的减排方案。

前文分析结果已经表明，交通运输行业是二氧化碳排放的重要来源

---

① 肖雁飞，万子捷，刘红光. 我国区域产业转移中"碳排放转移"及"碳泄漏"实证研究：基于2002年、2007年区域间投入产出模型的分析 [J]. 财经研究，2014（2）：76－85.

② 胡鞍钢. 中国实现2030年前碳达峰目标及主要途径 [J]. 北京工业大学学报（社会科学版），2021，21（3）：1－15.

③ 杨莉莎，朱俊鹏，贾智杰. 中国碳减排实现的影响因素和当前挑战：基于技术进步的视角 [J]. 经济研究，2019，54（11）：15.

④ 刘佳骏，李雪慧，史丹. 中国碳排放重心转移与驱动因素分析 [J]. 财贸经济，2013（12）：112－113.

⑤ 杨莉莎，朱俊鹏，贾智杰. 中国碳减排实现的影响因素和当前挑战：基于技术进步的视角 [J]. 经济研究，2019，54（11）：15.

部门，其原因一方面在于目前我国交通运输行业的能源消费量较大，另一方面在于能源消费结构中化石能源仍占主要部分，而清洁能源所占比重则较低。

根据《广东省二氧化碳达峰研究报告》，参照 IPCC 温室气体排放清单指南的原则，能源活动中非能源用途的化石能源部分，即未导致燃料燃烧排放的部分，均应从能源活动的排放总量中扣除，扣除用于原料、材料固定碳蕴含的碳排放后，预计广东省 2025 年排放量为 5.97 亿吨二氧化碳，"十四五"碳强度下降 15.1%。若实现省外输入电力全为绿电，预计 2025 年排放量为 5.86 亿吨二氧化碳，"十四五"碳强度下降 17.1%。在实现 100% 调入绿电的情况下，按照 IPCC 温室气体排放清单指南扣减非能源用途固定碳碳排放，预计 2025 年排放量为 5.50 亿吨二氧化碳，"十四五"碳强度下降 19.6%。按广东省"十四五"能耗强度下降 15% 测算，广东省 2025 年碳排放约为 5.86 亿吨二氧化碳，"十四五"碳强度下降 19.1%；按广东省"十四五"碳强度下降 19% 测算，广东省 2025 年碳排放约为 5.87 亿吨二氧化碳。在考虑各类因素的情况下，预计广东省碳排放峰值在 5.80 亿~6.50 亿吨，广东省交通运输行业碳排放峰值在 0.53 亿~0.59 亿吨。

从《全球能源部门 2050 年净零排放路线图》报告中可知，全球交通运输部门的二氧化碳排放量在 2020 年超过了 70 亿吨，在新冠病毒感染疫情暴发前的 2019 年接近 85 亿吨。在净零排放情景下，交通运输部门 2030 年的二氧化碳排放量将略高于 55 亿吨，到 2050 年将为约 7 亿吨，比 2020 年降低 90%。尽管客运量和货运量都将迅速增加，到 2050 年分别比现在增加近 1 倍和 1.5 倍，并且全球乘用车将从 2020 年的 12 亿辆增加到 2050 年的近 20 亿辆，但二氧化碳排放量仍将下降。各种交通运输方式的脱碳速度不同，因为相应的技术成熟度差异较大（见图 2-14）。乘用车可以利用市场上的低排放技术，但重型卡车、航运和航空的减排仍待取得重大技术进展。到 2040 年，两轮/三轮车辆将几乎停止排放二氧化碳，随后，到 21 世纪 40 年代后期，轿车、面包车和轨道车辆的二氧化碳排放将接近零水平。2020—2050 年，重型卡车、航运和航空的二氧化碳排放量平均每年将下降 6% ，但在 2050 年仍合计超过 5 亿吨。这是因为交通运输活动预计将会增加，而且长途交通运输二氧化碳减排所需的许多技术目前仍处于开发阶段，在未来 10 年内不会大量进入市场。

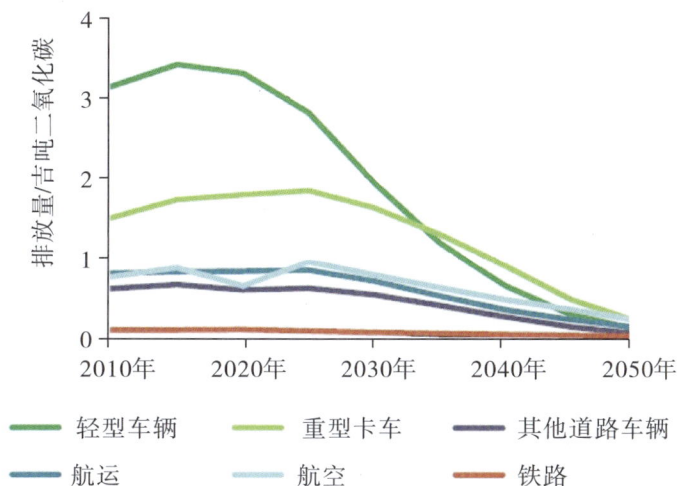

各交通运输方式的二氧化碳排放

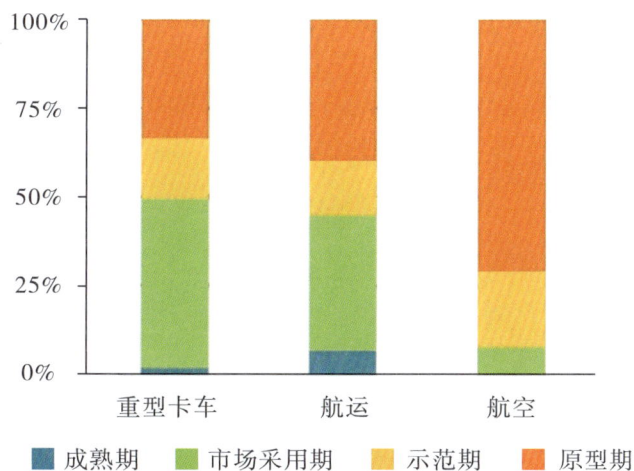

各交通运输方式的技术成熟度

图 2 - 14 净零排放情景下，全球不同交通运输方式的二氧化碳排放情况，以及从现在到 2050 年的减排量中不同成熟度技术的贡献占比

数据来源：转引自《全球能源部门 2050 年净零排放路线图》第 123 页。

注：其他道路车辆为两轮/三轮车辆和巴士，航运和航空包括国内和国际作业。

　　净零排放情景下，交通运输部门的脱碳取决于促进方式转变和各种客运方式更高效运行的政策，以及能效改善，还取决于两大类技术转型：转向电动出行（电动车和燃料电池电动车），转向更高的低碳燃料混合比例和低碳燃料的直接使用（生物燃料和氢基燃料）。这些转变很可能需要配套干预措施，以刺激对能源供应基础设施的投资，并激励消费者接受变化。

　　交通运输历来严重依赖石油产品，尽管将生物燃料和电力用于该部门已取得进展，但石油产品在 2020 年仍占交通运输部门能源需求的 90% 以上（见图 2 – 15）。净零排放情景下，石油的份额将在 2030 年下降到 75% 以下，2050 年下降到 10% 出头。净零排放情景下，到 21 世纪 40 年代初，全球交通运输部门的主导燃料将是电力，2050 年电力将占终端消费总量的近 45%，其次是氢基燃料（28%）和生物燃料（16%）。到 2030 年，生物燃料在公路交通运输用石油产品中的混合比例将达到 15%，这将使石油需求减少约 450 万桶油当量/天。2030 年以后，在电力和氢能应用范围有限的航空和航运领域，生物燃料的使用将会增加。到 2050 年，电力和氢基燃料将满足交通运输能源需求的 70% 以上。储氢载体（如氨）和低排放合成燃料也将为这两种交通运输方式的能源需求提供更高比例的能源。

　　净零排放情景下，电气化在道路车辆脱碳中将发挥核心作用。电池成本在近 10 年下降了近 90%，电动乘用车销量在过去 5 年中平均提高了 40%。电池技术已经具有较强的商业竞争力。净零排放情景下，燃料电池电动车将在 21 世纪 20 年代取得进展。重型卡车电气化进展将相对缓慢，原因包括电池的重量、充电所需的高能量和高功率要求，以及每次充电后行驶距离有限。不过，燃料电池重型卡车将会取得重大进展，主要是在 2030 年之后（见图 2 – 16）。全球电池电动车、插电式混合动力车和燃料电池电动车的销量将剧增。世界范围内，道路上的电池电动、插电式混合动力和燃料电池电动轻型车（乘用轿车和面包车）的数量将在 2030 年达到 3.5 亿辆，2050 年达到近 20 亿辆，而 2020 年只有 1 100 万辆。电动两轮/三轮车辆的数量也将迅速上升，从目前的不到 3 亿辆增加到 2030 年的 6 亿辆和 2050 年的 12 亿辆。电动巴士将从 2020 年的 50 万辆增加到 2030 年的 800 万辆，然后进一步增加到 2050 年的 5 000 万辆。

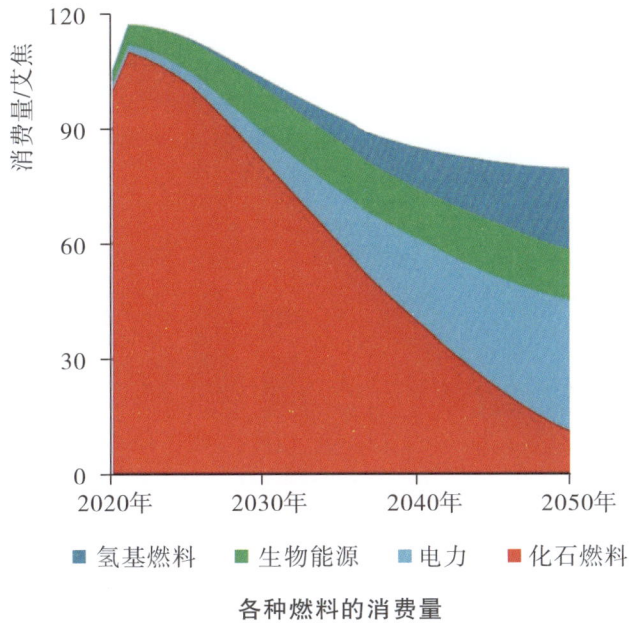

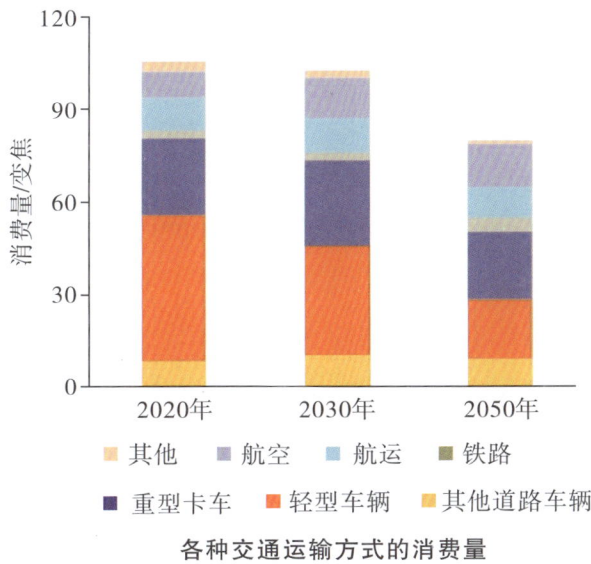

消费量/艾焦

120

90

60

30

0

2020年　　2030年　　2040年　　2050年

■ 氢基燃料　■ 生物能源　■ 电力　■ 化石燃料

各种燃料的消费量

消费量/艾焦

120

90

60

30

0

2020年　　2030年　　2050年

■ 其他　■ 航空　■ 航运　■ 铁路

■ 重型卡车　■ 轻型车辆　■ 其他道路车辆

各种交通运输方式的消费量

图 2-15　净零排放情景下，全球不同交通运输燃料和

方式的终端消费情况

数据来源：转引自《全球能源部门 2050 年净零排放路线图》第 124 页。

注：其他道路车辆为两轮/三轮车辆和巴士。

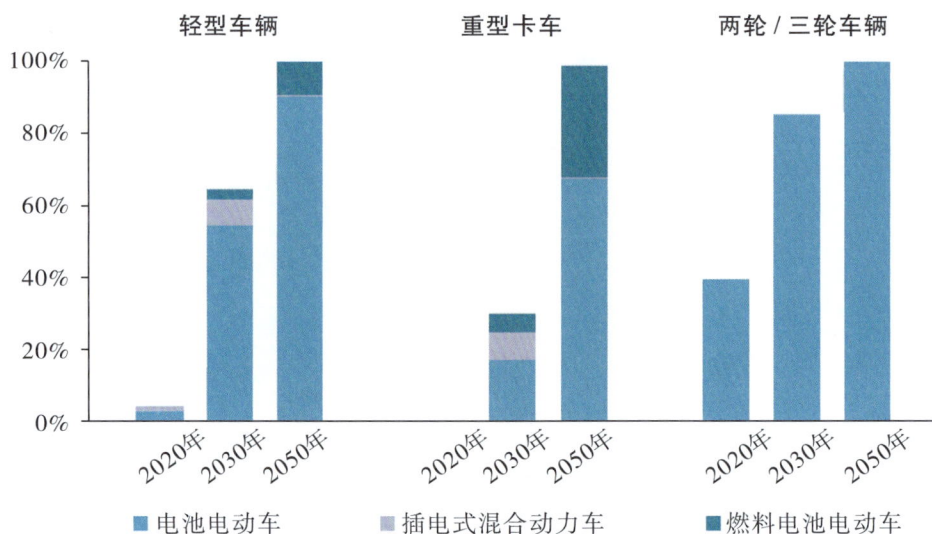

图 2-16 净零排放情景下，全球电池电动车、插电式混合动力车和燃料电
池电动车在各类车辆总销量中的占比

数据来源：转引自《全球能源部门 2050 年净零排放路线图》第 125 页。

注：轻型车辆为乘用轿车和面包车，重型卡车为中型和重型货运卡车。

从中期来看，轻型车辆在发达经济体中的电气化速度较快，到 2030
年电气化的轻型车辆将占销量的 75% 左右。同年，在新兴和发展中的经
济体中，电气化的轻型车辆将占销量的 50% 左右。到 2030 年初，发达经
济体销售的几乎所有轻型车辆都是电池电动车、插电式混合动力车或燃
料电池电动车，到 21 世纪 30 年代中期，新兴和发展中经济体也将如此。

对于长途作业的重型卡车而言，行驶距离是影响卡车动力系统选择
的关键因素，生物燃料目前是柴油的主要商业可行替代品，2020 年后将
在重型卡车减排方面发挥重要作用。净零排放情景下，2030 年以后，随
着配套基础设施建成和成本下降（电池成本降低，能量密度提高，生产
和输送氢气的成本降低），电动和氢能动力重型卡车的数量将会增加[1]。
同样，在此期间，可用的可持续生物燃料供应量将会减少，因为有限的

---

[1] IEA，"Global Energy Review：CO$_2$ Emissions in 2020"，https://www.iea.org/articles/global-energy-review-co2-emissions-in-2020.

供应将越来越多地流向航空和航运等减排困难的领域；不过，生物燃料在 2050 年仍能满足重型卡车约 10% 的燃料需求。2030 年，发达经济体的电池电动和燃料电池电动重型卡车销售市场份额较高，是新兴和发展中经济体的两倍以上；随着 2050 年的临近，这一差距将会缩小。

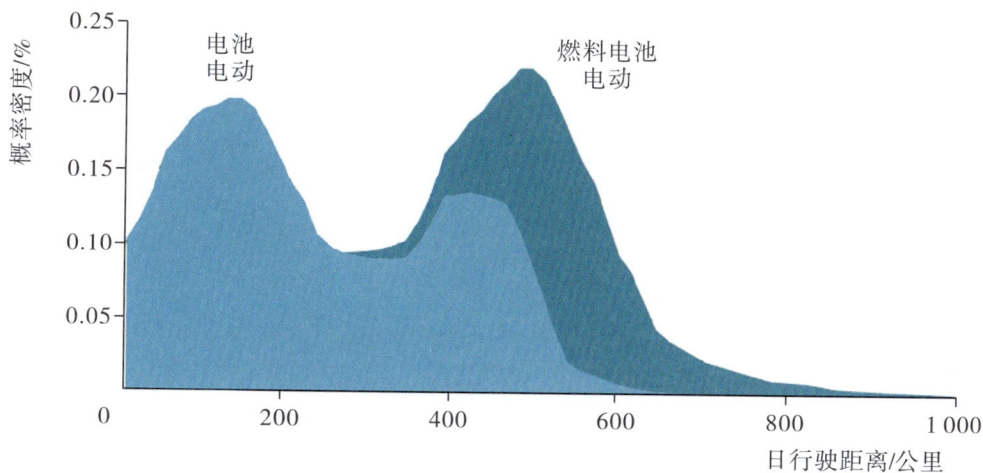

图 2-17　2050 年按日行驶距离划分的重型卡车分布情况

数据来源：转引自《全球能源部门 2050 年净零排放路线图》第 126 页。

要想实现"双碳"目标，就需要迅速扩大电池制造规模（目前已宣布的 2030 年产能只能满足该年需求的 50%），以及在 2025 年和 2030 年之间迅速在市场上推出下一代电池技术（固态电池）。电池电动车和燃料电池电动车的一种长途运营替代方案是为卡车提供导电充电或感应充电的电气化公路系统，但此类系统也需要得到快速开发和部署。

共享汽车和拼车等新型出行方式的发展，推动共享出行成为准公共交通出行，并推动传统交通体系向智慧交通转型升级，为能源节约与碳减排作出贡献。[①] 其根本原因就在于数字技术的正外部性，通过应用大数据与人工智能等数字技术，能够提供最优出行方案，提高出行效率，降低空驶率，节约能源消费并减少碳排放，推动传统的先污染后治理的交

---

① 张雪峰，宋鸽，闫勇. 城市低碳交通体系对能源消费结构的影响研究：来自中国十四个城市的面板数据经验 [J]. 中国管理科学，2020，28（12）：183.

通模式向从源头上减少碳排放的智慧交通模式转型。[①]

现有文献已经证实基于数字技术的共享出行和智慧交通新模式对碳减排的重要价值。如许宪春等研究表明，通过大数据等数字技术在交通运输行业的融合渗透，司乘的最优匹配将使效率与节能减排提升近33%，空驶率的降低将使效率与节能减排提升30%，智慧信号灯的影响将使效率与节能减排提升10%~20%，潮汐车道的使用将使效率与节能减排提升约30%，全国出租车客运行业将减少839.85万吨碳排放量，这相当于巴拿马一国的全年排放量。[②] 伊文婧也得出类似的研究结论，2017年共享出行的节能量贡献为690万吨油当量[③]左右，约占我国当年城市客运交通能耗的8%，二氧化碳减排量近2 100万吨；其中，共享单车骑行产生的节能量为近90万吨油当量，二氧化碳减排量约为260万吨，共享专车和快车使用产生的节能量约为600万吨油当量，二氧化碳减排量约为1 800万吨，并预测在低共享出行渗透率和高共享出行渗透率情景下，到2035年，共享出行方式的节能量将分别达到2 576万吨油当量、3 564万吨油当量，分别占届时城市客运能耗比重的20%和28%。[④] 丁宁等也通过对北京市共享单车的研究发现，虽然共享单车在其生命周期内的碳排放比普通单车高出约5倍，但是共享单车对私人汽车出行方式的替代，将使每年北京交通碳排放的减排效果达到5.7%。[⑤]

---

① 许宪春，任雪，常子豪. 大数据与绿色发展 ［J］. 中国工业经济，2019（4）：18.
② 许宪春，任雪，常子豪. 大数据与绿色发展 ［J］. 中国工业经济，2019（4）：18.
③ 吨油当量（ton oil equivalent，toe）：按一吨标准油的热值计算各种能源量的换算指标。
④ 伊文婧. 共享出行对客运交通能耗的影响研究 ［J］. 中国能源，2019，41（5）：6.
⑤ 丁宁，杨建新，逯馨华，等. 共享单车生命周期评价及对城市交通碳排放的影响：以北京市为例 ［J］. 环境科学学报，2018（6）：1–15.

第三节 代表性企业低碳发展典型案例

一、国内代表性企业低碳实践

（一）江苏交通控股有限公司

江苏交通控股有限公司（简称"江苏交控"）成立于 2000 年，是江苏重点交通基础设施建设项目省级投融资平台。公司主要承担四项职责：一是负责全省高速公路、铁路、机场、港口等重点交通基础设施建设项目的投融资；二是负责省铁路集团、省港口集团、东部机场集团的出资任务；三是负责全省高速公路、过江桥梁的运营和管理；四是依托交通主业，负责涉及金融投资、电力能源、客运渡运、智慧交通、文化传媒等相关竞争性企业的经营管理。

"金蜜蜂全球 CSR2030 倡议"江苏交控项目内容及 2020 年度进展如表 2 – 5 所示。

表 2 – 5 "金蜜蜂全球 CSR2030 倡议"江苏交控项目内容及 2020 年度进展

（项目名：可持续高速路网 助力公众美好出行）

目标	路径	2020 年度进展
打造综合投融资主渠道示范样板	（1）融资成本继续保持国内同行业较低水平 （2）多层次资本市场融资取得新进展，海外融资成为重要渠道 （3）资产负债率控制在 65% 以内	（1）公司平均融资成本 3.80%，连续多年保持同行业最低 （2）公司受邀成为全国首批 21 家、江苏唯一的 TDFI 企业；积极探索推进共募集、REITs 等新型权益融资路径 （3）2020 年，全口径资产负债率控制在 60% 以内

（续上表）

目标	路径	2020 年度进展
打造路桥营运品质服务示范样板	全力打造"1-3-4"工程： （1）着力构建 1 个高水准的智慧高速体系 （2）践行品牌战略，深耕以"苏高速·茉莉花""交控云""苏式养护"为核心的路桥营运管理服务三大品牌 （3）全力打造 4 个国际示范，即 1 条国际先进示范高速、1 座国际先进示范大桥、1 个国际先进示范服务区和 1 个国际先进示范养护基地	（1）在全国交通行业率先使用公有云，率先建成"云网一体化"SD-WAN 网络，"七朵云"数字化转型成果引发广泛关注 （2）"交控云"服务品牌唱响全国；"苏高速·茉莉花"服务品牌成为国内高速公路行业知名品牌；"苏式养护"品牌国内领先
打造社会责任国企担当示范样板	力争"5 个走在前列"： （1）在服从服务经济社会发展大局、推动江苏现代综合交通运输体系建设上走在前列 （2）在推进现代国有企业节能减排、实现绿色低碳上走在前列 （3）在对口帮扶、扶危救困、应急管理等企业社会责任履行上走在前列 （4）在坚持"诚信经营，包容发展"、国企带动民企共同发展上走在前列 （5）在健全与高质量发展要求相匹配、与新时代职工发展相适应的管理、服务和保障机制上走在前列	（1）2020 年，完成重点交通基础设施建设项目及其他投资项目投资 497.3 亿元，重点项目资金保障率达 100% （2）积极探索推广"四新"技术，践行绿色养护，布局清洁能源，云杉清能如东 H5#海上风电项目首台风电机组成功并网发电 （3）2020 年，对口帮扶省定经济薄弱村 1 个，获评江苏扶贫济困突出贡献奖和第五届"江苏慈善奖"最具爱心慈善捐赠企业等扶贫和公益荣誉 5 项；继续保持雨雪天不封路，1 小时畅通率 95.72% （4）制定《关于构建"卓越党建+现代国企"治理体系的指导意见》，构建"卓越党建 现代国企"的体系架构

（二）浙江省交通投资集团有限公司

浙江省交通投资集团有限公司（简称"浙江交通集团"）是根据浙江省政府要求，以原浙江省高等级公路投资有限公司为主体，吸纳省交通运输厅下属其他4家直属企业组建而成的省级交通类国有全资公司，于2001年12月29日注册成立。2016年7月、2018年3月，根据省委、省政府决定，浙江交通集团分别与省铁路集团和省商业集团合并重组。浙江交通集团作为全省综合交通投融资主平台和综合交通建设主力军，统筹承担全省高速公路、铁路、重要的跨区域轨道交通和综合交通枢纽等交通基础设施的投融资、建设、运营及管理职责，并积极参与市县主导的综合交通基础设施项目。

浙江交通集团在践行低碳发展方面所作出的投入有科技创新、提高设备能效以降低碳排放、大力发展绿色交通等，具体内容如下：

1. 科技创新

（1）科技创新成果。

浙江交通集团共完成省交通运输厅科技项目25项、集团科技项目4项，取得各项专利429项、软件著作权86项，省部级工法42项，主编或参编国家标准3项、团体标准8项、行业标准4项、地方标准6项。

新获各类重大科技奖励23项，包括浙江省科学技术进步奖2项，牵头获中国公路学会科学技术进步奖1项、中国公路建设行业协会科学技术奖8项、中国交通运输协会科学技术奖三等奖1项、中关村绿色矿山产业联盟绿色矿山科学技术奖1项，获得各类部级学会科学技术奖10项。

科技成果纳入交通运输部2020年度交通运输重大科技创新成果库（科技推广应用项目）1项，纳入浙江省交通运输厅2020年度科技成果推广目录10项。

组织开展第二届"五小"创新竞赛活动，征集"五小"创新成果172项，表彰优秀成果57项。

参与建设的富春江船闸扩建改造工程和省交通规划设计研究院科研办公大楼双双获得2020—2021年度第一批国家优质工程奖。

参与建设的乐清湾大桥、台金东延二期、鱼山大桥、红垦至金华高速改扩建等7个工程项目全部荣获2020年度浙江省建设工程钱江杯（优质工程）。

（2）科研平台建设。

成立智慧交通研究分公司，推进智慧交通研究院实体化运营模式。

经浙江省博士后工作办公室同意，新设立浙江镇洋发展股份有限公司博士后科研工作站。

落地城市轨道交通系统安全保障技术国家工程实验室浙江（杭海）试验基地。

浙江交工新材料有限公司获批高新技术企业。

2020年集团科研投入约10亿元。

2. 节能低碳

节能减排是推进经济结构调整、转变增长方式的重要举措，浙江交通集团充分认识到节能减排工作的长期性、艰苦性和复杂性，以新能源应用、节能技改、宣传教育等一系列强有力举措，千方百计确保实现节能减排目标任务，达到降本增效的预期效果。

（1）推广应用新能源，提高节能成效。

推进新能源基础设施建设，投运光伏发电设备装机容量达370.4兆瓦；新增LNG加气站3座，已投运高速公路服务区LNG加气站16座，年销量2.8万余吨，可减少二氧化碳排放7.5万余吨；累计建成集团内外公路服务区充电桩402个，设备完好率98%以上。

（2）优化设备改造，提高节能效益。

实施完成温州S1线车站智能照明系统，综合节能达40%；实施3台燃气锅炉低氮燃烧改造，氮排量从60 mg/m³降至21 mg/m³；新建高速统一采用LED节能灯，照明节电率达47.4%；新增高速公路LED照明灯具节能改造5万余套，较传统高压钠灯实现75%能耗节约。加快推进矿山开采设备节能升级，舟山矿区采用宽体车替换普通运输车，节油 0.12 升/吨，全年降低成本 659.4 万元，增效 395.7 万元。

3. 绿色交通

浙江交通集团积极探索设计、施工、养护过程中节能环保新技术、新材料、新设备、新工艺的应用，全力打造绿色交通，奋力当好全省交通行业节能环保的先行者。

坚持以"标准化设计、工厂化生产、装配化施工、信息化管理"为导向，打造绿色节能、低碳环保的现代综合交通工业化基地，推进高速公路线位资源合理利用，优化高速公路建设设计方案等，实现对土地、环境等资源的集约节约利用，推动高速公路建设创新、协调、绿色、开放、共享发展理念，促进人与自然和谐共生，推进绿色循环低碳交通建设；结合"三改一拆"和"五水共治"，严格落实环境保护和水土保持等措施，加强重点水域环保设施建设，打造"两美浙江"绿化美化工程。景文高速秉承"不破坏就是最大的保护"理念，路线设计结合自然与民俗元素，从"通景""融景""造景"入手，打造成为"浙西南景区化高速公路"样板工程。全面推进绿色养护，全年推广应用就地热再生和厂拌热再生处治沥青路面 250 万平方米，应用超薄磨耗层技术路面 566 万平方米，减排二氧化碳超 1.27 万吨。大规模推进机制砂在高性能混凝土中的应用，在集团范围内全面推广机制砂使用，在节约废渣场场地的同时，减少开采砂石对环境的破坏。

4. 环境保护

环境保护是企业履行社会责任的重要组成部分，浙江交通集团一直以来深入践行"绿水青山就是金山银山"理念，坚持工程建设和生态保护并重，坚持企业发展和环境保护和谐共进。2020 年，集团累计环保投入 2.27 亿元，环保成效显著。

2020 年，集团积极推进环保督察责任落实，圆满完成浙江交科江山基地关停，5 月 27 日实现所有生产装置的永久停车，并通过精细停车、精细洗车、精细拆解，完全消除现场各类安全及污染隐患，提前完成中央环保督察问题整改销号。

2020 年，集团践行绿色发展理念，巩固提升绿色发展成效，舟山矿和丽新矿入选全国绿色矿山名录；镇洋发展公司入选宁波市第一批绿色制造示范名单，并入选工信部第五批绿色制造名单。

（三）山东高速集团有限公司

山东高速集团有限公司（简称"山东高速集团"）是山东省基础设施领域的国有资本投资公司，注册资本 459 亿元，资产总额突破 1 万亿元。集团大力发展基础设施核心业务，致力于成为主业突出、核心竞争力强的基础设施投资建设运营服务商和行业龙头企业，为"交通强省"建设提供有力支撑。

山东高速集团主要经营高速公路、桥梁、铁路、港口等建设、管理、维护、经营、开发、收费；高速公路、桥梁、铁路沿线的综合开发、经营；土木工程及通信工程的设计、咨询、科研、施工；境外工程承包和劳务输出；建筑材料销售；机电设备租赁；广告、房地产、旅游及其他第三产业的经营与开发。

山东高速集团在低碳与绿色企业发展方面所作出的努力如下。

1. 绿色建设

集团积极贯彻落实交通运输部绿色公路建设要求，依托高速公路重点项目，打造了一批行业领先、特色鲜明的绿色公路示范工程。

案例 1：济青高速改扩建工程

济青高速改扩建工程作为我国首个高速公路改扩建绿色科技示范工程，实现了废旧沥青 100% 再利用、废旧钢护栏 60% 再利用，并在全球范围内首次将"拜耳法赤泥技术"应用于高速公路建设。同时，还应用太阳能发光交通标志、旋转式防撞护栏、可导向防撞垫，以及抗凝冰沥青路面、岩石路堑边坡应用生态防护技术等绿色交通新设施、新技术，既提高了道路安全运营水平，又最大限度地保护了沿线生态环境。并且采用沥青路面全幅无缝成型技术，实现 18.75 米大宽度全断面摊铺效果，成功做到项目主线新老路面一次性无缝拼接。

案例2：京沪改扩建工程

作为国内首个"BIM+绿色公路"部级双示范工程，京沪改扩建工程以创建双示范工程为契机，科技创新赋能工程建设，提出突出信息化、旅游两个服务，打造"四个百分之百"（沥青混凝土材料100%回收利用，隧道洞渣100%分级利用，主线交通100%不断交，上跨天桥100%采用钢结构桥梁）的建设目标，通过示范工程的建设，统筹打造了一项以旧路资源综合利用最大化和施工保通系统为核心，以信息化服务和旅游服务功能提升为两翼，以绿色建设品质全面强化为基础的高速公路改扩建示范工程，为新时期公路建设绿色转型发展提供了"山东样板"。

案例3：济南大西环"穿越"齐长城，交通建设兼顾文物保护

济南大西环项目是济南绕城高速公路二环线的西环段，同时兼有京台高速公路济南西绕城并行线的功能。大西环项目走廊带有两处需跨齐长城原线而过，特采用桥梁跨越方案，对齐长城遗址进行保护。

案例4：打造智能网联测试基地，支撑智慧交通建设

为促进智慧高速公路产业发展，推动自动驾驶、车路协同等高新技术产业聚集，集团打造了全国首个面向无人驾驶的智能网联高速公路封闭测试基地。该项目是对滨莱高速改扩建项目中原址保留的26公里真实高速公路进行数字化、网络化、智能化改造，打造国内"测试里程最长、测试场景最丰富、测试环境最真实"的测试基地，逐步建成国际一流的智能网联汽车和智慧交通综合创新试验示范区，支撑智慧交通相关产业发展和国家"交通强国"战略。

2. 绿色养护

全面推广预防性养护新技术及低碳环保的绿色养护技术，在路面预防性养护、沥青路面再生、新型交安设施等方面重点发力，延缓病害发展，循环利用材料，达到了节能减排、降低污染的效果。

案例 5：青银高速北环段现场热再生技术应用

青银高速北环段项目积极应用现场热再生技术，实现旧路面材料、废弃混凝土材料等旧路材料 100% 再生利用，2020 年循环利用废旧沥青21 736.9 立方米，节约玄武岩石料 42 272 吨，节约 SBS 改性沥青 2 675吨，节约矿粉 4 768 吨。

3. 绿色经营

山东高速集团严格履行生态环保责任，认真贯彻落实绿色发展理念的要求，以生态文明建设为指导，强化节能环保监督管理，实施节能减排源头控制，加强污染防治，推进绿色低碳产品开发，减少对资源和环境的消耗和影响，推动可持续发展，助力建设美丽中国。

案例 6：科学治理高速公路沿线林木

为有效预防和控制高速公路沿线林木的美国白蛾、杨小舟蛾、春尺蠖等病虫害，山东高速绿色生态发展有限公司坚持"预防为主，科学治理"的基本方针，采用现代植保手段，使用无污染、无公害的生物制剂，对济南新旧功能转换先行区范围内的农田林网、片林、国省道、主要河流两侧防护林等区域开展飞防工作，抓住最佳防治时期进行集中防治，完成作业面积 4 万余亩。植保飞防作为新拓展的业务板块，提高了工作效率，减少了农药的面源污染，提升了林木的存活率。

案例 7：环保型高耐蚀预镀锌铝镁合金技术应用

高速公路护栏使用环保型高耐蚀预镀锌铝镁合金技术。材料技术公司推出的锌铝镁镀层具有优异的防腐蚀性和出色的机械加工性，预镀锌铝镁合金护栏采用先镀覆后成型的生产工艺，污染物排放有序、可控，不足热镀锌用量的 1/4；水溶性涂料耐腐蚀性能、耐久性能和环保性能优良。该技术在降低工程造价的同时提升了产品品质，并最大限度地增加旧护栏利用率，实现了经济效益、社会效益与生态效益的有机统一。

4．绿色生活

为深入贯彻习近平总书记对制止餐饮浪费行为的重要指示精神，集团发出厉行节约、反对浪费的倡议书，号召全体干部职工继承艰苦奋斗的优良传统，弘扬勤俭节约的社会风尚，做"文明"使者，切实做到"厉行节约、反对浪费"。

集团积极推动降本增效工作，成效显著。成本费用利用率同比提高1.94 个百分点，节约成本 7 亿元，盘活存量资产，实现收入 4 650 万元。

（四）安徽省交通控股集团有限公司

安徽省交通控股集团有限公司（简称"安徽交控集团"）成立于2014 年底，由原高速集团和原交投集团合并重组成立。经过重组整合，集团成为全省统一的高速公路投资运营管理平台。截至 2021 年底，集团资产总额 3 016 亿元，拥有交通运输、投资与资产管理、房地产和建筑三大主业，下辖 16 家直属单位，控股"皖通高速""设计总院"两家上市公司，在岗职工 23 500 余人。业务包括：交通运输（高速公路建设、营运和路域产业、运输产业等）；投资与资产管理（金融租赁、类金融、基金投资、金融股权等）；房地产和建筑（房地产、酒店、建筑施工等）。

安徽交控集团在践行企业低碳与绿色发展精神中所作出的努力如下。

1．创新交控

安徽交控集团积极践行习近平总书记"创新是第一动力"的重要论述精神，依托高速公路建管养项目大力开展科研攻关，依托创新平台和团队加快科技成果推广转化，加大科研经费投入，健全完善创新激励机制，创造鼓励创新的良好氛围，以科技创新提品质、降成本、强动力、增效益，加快推动产业转型升级。

开展科研攻关

科技创新力度持续加大。2019 年，《黄河中下游地区粉土路基建造支撑技术及工程应用》获得国家科技进步二等奖，集团实现了国家科技奖零的突破。加强创新技术应用和知识产权保护，跨江大桥建设科技示范工程总结工作基本完成，无岳项目工业化建造部分配套站场建成投产。2019 年获得专利 28 项，8 项省地方标准、3 项团体标准获颁实施。

构筑创新平台

集团交通运输行业创新平台逐步搭建，目前拥有 3 家国家高新技术企业、3 个交通运输部行业技术研发中心、1 个省级企业技术中心、1 个博士后科研工作站。品质工程、绿色公路、跨江桥梁、BIM（建筑信息模型）系统等示范试点项目建设深入推进。

培育创新团队

目前，集团有 3 人享受国务院政府特殊津贴、8 人次享受省政府特殊津贴，入选省学术和技术带头人 12 人、省学术和技术带头人后备人选 4 人，入选省"特支计划"创新领军人才 2 人，入选省属企业"538 英才工程"45 人次，拥有胡可、殷永高、陈青、苏新国 4 个劳模创新工作室。

拓展创新产业

推动信息技术与产业深度融合，实质性运作信息产业公司，加快培育智慧高速产业。推进勘察设计运营管理信息化、智能化，加快广告传媒产业数字化转型，着力发展"互联网＋客运"业务，积极推进智慧物流建设，实施工业化建造规模化。

2. 绿色交控

安徽交控集团坚决贯彻落实习近平生态文明思想，自觉将"绿水青山就是金山银山"理念融入企业发展实践，努力走出一条绿色可持续发展道路，积极助力打赢污染防治攻坚战。

绿色公路

开展"零弃方、少借方"专项行动，积极应用 BIM 新技术。统筹资源利用，集约设计互通立交，推进取弃土场与改地、造地、复垦综合措施，因地制宜采用低路堤、浅路堑，推广应用供配电系统节能技术、智能照明系统、LED 节能灯具，推行温拌沥青技术、废旧沥青路面等材料再生循环利用和粉煤灰、煤矸石、矿渣、废旧轮胎等工业废料综合利用。突出全寿命周期成本，注重设计与建设的前瞻性，强化结构设计与养护设施统一，做到可达、可检、可修、可换。

绿色养护

推行沥青路面铣刨材料回收利用，沥青路面就地热、冷再生技术，厂拌热、冷再生技术，高聚物注浆快速养护修复技术和抗滑保护层等技术。对拌和站进行环保升级改造，改造更新现有铣刨路面清扫设备。新型环保低噪型伸缩缝已在合六叶、合淮阜、界阜蚌、安庆大桥等路段成功试用，有效降低噪声。开展"高速公路除冰融雪技术应用研究"课题，研究在特殊结构桥梁、水源保护地等区域使用路用非氯有机融雪剂。

绿色经营

安徽高速地产集团推广利用太阳能、空气能、光电板、地下室采光井和导光筒，安装三玻两腔窗降低噪声，有效提升住区宜居品质。所辖服务区基本全覆盖建设电动汽车充电桩，解决新能源汽车上高速的后顾之忧。安徽省驿达高速公路服务区经营管理有限公司采用 EPCO 模式对服务区污水设施升级改造，安徽省高速石化有限公司投入约 9 000 万元对 70 座加油站进行油气回收项目改造。安徽皖通高速公路股份有限公司利用现有高速公路匝道空地、服务区和收费站屋顶等闲置资源建设分布式光伏发电站，实现光伏发电、绿色交通、节能减排、土地利用的高效整合与最佳统一。安徽省交运集团有限公司累计投入新能源车辆 1 847 台，建设配套充电桩 256 组，进一步便捷绿色出行。

3. 开放交控

安徽交控集团始终坚持开放胸怀和共赢理念，坚持"引进来"与"走出去"并举，立足安徽、放眼全国、走向世界，大力实施开放合作深化工程，在交通基础设施咨询、投资、建设、运营等领域取得实质性进展。

"走出去" 发展

安徽交控集团设计总院在非洲、东南亚、南亚、中亚等20多个国别市场先后拓展32个基建项目。

央企合作

坚持优势互补、市场主导的原则,与招商局、中国交建、中国建筑、中国铁建、中铁建工、中国电建、中国石化、中国石油等大型央企,在高速公路项目建设、加油站经营、智慧交通产业发展等领域开展一系列富有成效的合作。

企地合作

相继与宣城市、池州市、铜陵市等签署战略合作框架协议,充分发挥自身比较优势,积极助力地方经济社会发展。

银企合作

目前已与境内外超过20家银行开展多种形式的合作,与进入安徽市场的大中型银行均开展过合作,除利用银行贷款外,还包括境外发债、短融、中票、私募债、永续票据、公司债券、信托等组合融资工具。

省属企业抱团发展

与安徽建工集团、中煤矿建集团等省属企业签署战略合作协议,在交通基础设施、建筑材料、房地产开发、矿山和建筑材料资源开发、工程施工、技术研发、资本运营、工程机械设施设备融资租赁等领域开展深度合作。

4. 稳健交控

安徽交控集团认真贯彻落实打赢防范化解重大风险攻坚战的决策部署,坚持底线思维、系统思维、战略思维,按照主动防范、系统应对、标本兼治、守住底线的总体思路,有效防范化解可能出现的各种风险,确保不发生重大系统性风险。

主动防范

建立规范的法人治理结构，制定和完善议事规则和决策程序，并建立规范的管理组织框架体系，明确规定各部门（机构）的主要职责，形成各司其职、各负其责、相互配合、相互制约的内部控制体系。加强对各类风险的评估，建立财务风险预警机制，制定系统的防范和化解风险的实施方案，明确每个阶段风险管理的重点，防范"灰犀牛""黑天鹅"。

系统应对

将防范化解风险作为一个系统性工程进行战略谋划，从事前、事中、事后的整体视角进行设计，事前加强风险预判，事中加强风险应对与处置，事后加强风险免疫和管理能力建设，持续建立并完善包含投资、经营、财务等一系列风险管控制度，建立健全自上而下的全面风险排查工作机制。

标本兼治

深化组织机构优化调整等改革，优化总部职能定位，制定授权放权事项管理清单，建立和完善内部监管机制，梳理管理流程，强化责任意识，2019年修改和增订管理制度23项，不断完善权责对等、运行规范的风险管理机制，进一步完善全面风险防控制度体系。

守住底线

坚持问题导向、风险导向、底线思维，防患于未然，充分考虑风险发生的可能性。敢于面对风险，勇于担当，保持清醒头脑，冷静客观地分析和评估风险，通过科学的风险处置，坚决守住不发生系统性风险的底线。

5. 平安交控

安徽交控集团认真贯彻落实安全发展理念，不断强化安全生产主体责任，以夯实安全生产基础管理工作为依托，落实落细安全应急管控措施，保障"四季七节"各时段和道路营运、客货运输、工程建设各板块安全，保持安全生产形势稳定。

加强安全生产组织领导

成立安全生产委员会和应急管理工作领导小组，负责统筹布置、监督检查、指导协调各单位安全生产和应急管理工作，形成全集团上下统一指挥、各单位协同配合、各级人员共同参与的安全生产和应急管理联防联控格局。

健全安全生产责任体系

落实全员安全生产责任制，建立"集团公司—所属单位—分支机构—岗位员工"多级安全生产责任体系，实现安全责任覆盖纵向到底、横向到边。完善、出台多项安全生产和应急管理规章制度，全面勾勒出安全生产和应急管理工作框架。

突出隐患排查治理

以构建风险管控"六项机制"实施方案为指导，明确和细化风险查找、研判、预警、防范、处置和责任六个环节要求，健全风险管控机制。针对春运、"五一"、"十一"和冬季恶劣天气等重点时节时段开展专项排查整治，做到结合隐患排查查找风险、针对风险分级查找隐患，真正发挥双重预防的功效。

强化应急能力建设

健全应急预案体系，编制公司总体预案和专项预案，强化与各单位应急预案衔接，认真执行预案演练总结评估。开展恶劣天气、突发事件、防汛、消防等应急预案实战演练和桌面推演，不断提升应急处置能力。目前，集团拥有应急救援清障车151辆、应急抢险大型设备217台；应急队伍402支，共计5 953人。

注重安全文化建设

认真贯彻落实国家安全监管总局关于开展安全文化建设示范企业创建活动系列文件精神，所属各单位形成争创示范企业的良好氛围，充分发挥安全文化的引领和促进作用。目前，集团共有20余家二级单位荣获全国或全省安全文化示范企业称号，其中有14家营运单位荣获全国安全文化建设示范企业称号。

6. 法治交控

安徽交控集团法治建设工作紧紧围绕改革发展大局，以保障依法经营管理为重点，以提升法律管理能力为手段，以有效防范法律风险为目标，积极推动落实法治交控建设各项工作。

法治工作基础不断夯实

积极完善法律专业人才库，目前库内法律人才120余人，已有22人取得公司律师执业证。全面梳理优化法治工作流程，修订完善制度，实现风险防范由被动补救到事前预防、过程控制的转变，初步实现了法律风险防范"纵向到底、横向到边"的全面覆盖。

服务保障功能日益凸显

加强决策事项论证，积极服务企业合并重组、改制上市、业务创新、转型升级等重大改革任务，强化对决策事项的合法性审查，确保经营决策依法合规。强化制度审核，推进各项管理制度法律审核的全覆盖，实现公司经营管理和工作流程规范化、法治化。完善经济合同管理，推进合同分类、分级管理，进一步规范合同签订程序，启动营运合同管理系统开发建设，促进合同管理科学化、规范化。

化解纠纷能力不断提高

针对法律纠纷案件，集团及各单位依法维权成效明显，维护国有资产免受损失。高度重视并稳妥办理涉及诉讼保全、协助执行、协助调查取证等相关工作，依法维权，有效保护项目实际施工人权益。

法治文化氛围日益浓厚

扎实开展"七五"普法宣传，领导班子开展法治专题学习，依托通达大讲堂、"安徽高速之声"广播平台、内网"依法治企"专题栏目等，打造全方位、立体式法治宣传平台，深入学习宣传以宪法为核心的中国特色法律体系和党的十九大以来历届全会精神，培育广大干部员工"法治、责任、服务"意识。

二、国际代表性企业低碳实践

（一）国际建筑行业代表性企业

1. 美国基威特公司（Kiewit Corporation）

Kiewit 于 1884 年成立，最初是一家砖石工程承包公司，后来发展成为一家在建筑、采矿和工程领域经营的财富 500 强公司。该公司的业务领域包括建筑、采矿、工业、石油、天然气、化工、交通运输和水/废水。Kiewit 是北美最大的运输承包商之一，近年还将业务扩展到了澳大利亚。它的业务包括建设和升级：州际公路、高速公路和桥梁、铁路和铁路堆场、城市轨道交通系统，以及机场跑道、滑行道和相关设施。

关于脱碳，Kiewit 在以下三个方面作出贡献：①改造设施和系统，以减少或消除碳排放；②增加可再生能源的使用；③帮助工业运营满足对氢和氨等产品的新需求。

同时，Kiewit 旗下子公司 Kiewit Energy（美国五大承包商之一）将与 Gevo 公司合作，为其位于南达科他州普雷斯顿湖的 Net–Zero 1 项目领导前端工程设计（Front End Engineering Design，FEED）工作。

Gevo 是一家可再生化学品和高级生物燃料公司，总部位于丹佛—奥罗拉大都会区的科罗拉多州道格拉斯县。Gevo 专注于可持续性，使用基于循环经济的商业模式来整合各种来源的可再生能源，并关注流程的非化石化，再生农业，土壤中的碳固存，以及系统范围的效率和资源节约。

2. 西班牙 ACS 集团（Actividades de Construcción y Servicios）

西班牙 ACS 集团是西班牙最大的建筑集团，也是西班牙五大建筑财团之一。ACS 集团目前是世界建筑承包公司 30 强之一，是西班牙名列前茅的支柱性企业。经过数年的发展，ACS 集团成为西班牙最大的建筑承包商，业务包括高速公路、铁路、海运、机场工程等基础设施建设，同时还涉及工业、采矿和能源等项目的设计、供应、建设和维护等综合服务。

ACS 集团董事会于 2021 年 12 月 16 日批准了 2025 年可持续发展总体规划（Sustainability Master Plan 2025，SMP 2025）。该规划设定了 ACS 集团为继续推动全球基础设施可持续性而制定的战略优先事项和 12 项承诺，其中关于环境与气候方面的有：2045 年实现气候中和，日常生活与活动中的循环（回收再利用等），持续基础设施建设，保护环境。

以下是 ACS 集团为达成承诺将会采取的具体做法：

①实施气候战略，2045 年时实现气候中和。

②减少温室气体排放。

范围 1：2030 年减排 35%，2025 年中期减排至少 15%。

范围 2：2030 年减排 60%，2025 年中期减排至少 30%。

扩大碳足迹的范围，制定"范围 3"类别，以便在 2025 年制定 2030 年的量化减排目标。

③引入国际方法，以加强气候变化相关风险管理。

④在基础设施项目中推广生命周期分析，到 2025 年将有超过 200 个项目采用此分析方法。

⑤逐步提高建筑材料回收利用率。

⑥将废物（危险废物和非危险废物）回收/循环再造率保持在 80%，逐步减少运往堆填区的无害废物。

⑦无严重破坏环境的事件，增加符合 ISO 14001 环境管理体系认证的操作。

⑧推广减少用水量的措施和水循环再用的程序，监测从缺水地区提取的水，使其占比最小化，建立计算水足迹的方法。

⑨加强旨在保护/恢复生物多样性的措施，到 2025 年 100% 在环境敏感地区实施这类措施。

⑩到 2025 年，在获得可持续认证的项目中实现 45% 的基础设施销售。

3. 法国万喜集团（Vinci Group）

法国万喜集团是一家拥有 100 年以上历史的建筑服务企业，其前身由毕业于巴黎综合理工大学的两名工程师 Alexandre Giros 和 Louis Loucheur 于 1899 年建立。它是巴黎股票交易所上市公司，也是世界第一大承包、建筑及相关服务公司（在 2002 年《工程新闻纪录》中排名全球承包商第一）。万喜集团在 2018 年 ENR 全球工程承包商 250 强榜单中排名第五（前四名均为中国企业）。截至 2019 年 11 月 20 日，其总市值达 600 亿美元，为当前全球市值最大的建筑集团。

集团业务分属四大主项。

①万喜承包及服务公司（Vinci Concessions），提供的服务主要包括建筑设计、成套工程、工程融资、项目管理等，在道路基础设施高速公路建设、智能停车场建设、空港管理及服务方面有很强的业务能力。

②万喜能源公司（Vinci Energies），是欧洲第一大能源工程及信息化公司，其业务有四大领域——能源基础设施（包括能源运输、电力输送与变电、城市照明）、工业能源（电力输送、电力销售与计量、气体处理、火灾防护等）、服务（能源网络、空调工程、火灾防护、大厦技术服务、安保服务）、电信（电信基础设施及企业"视—数—声"一体化传输网络）。

③万喜路桥公司（Eurovia），是法国最大的道路建材生产商，也是位于世界前列的道路建设与废料回收企业。主要参与道路和桥梁建设，其中包括普通道路和高速公路的设计、施工、改扩建和道路维护等。另外，它还开展市政、工业和商业设施的规划，以及工程物料生产和回收利用等业务。

④万喜建筑工程公司（Vinci Construction），是法国建筑行业骨干企

业，在欧洲、非洲等全球地区开展民用工程、水利工程、技术维护、工程服务等多种业务。

万喜集团在环境方面的承诺：至 2030 年将二氧化碳排放量减少 40%；与法国在《巴黎协定》中作出的 2050 年实现碳中和承诺保持一致；致力于发展循环经济，保护自然环境。

2019 年，万喜集团致力于推进能够帮助自身在温室气体排放、通过发展循环经济保护资源、保护自然环境三个方面取得成就的措施。

万喜集团将通过以下几个方面来完成以上所提及的目标。

①车辆及工地机械。

加快以电动或碳密度较低的车辆取代轻型和多功能车辆；

为多功能汽车试验氢和沼气燃料；

用混合动力机械取代部分工地机械队，推广环保驾驶方法，以及安装持续消费追踪传感器。

②建筑。

对集团营运楼宇进行诊断性研究，以引入节能措施：翻新、LED 灯重新照明、温度调节；

通过建筑的生态设计方法来制定法规；

开发高能量和具有环保性能的工地设施，特别是以木材为基础的设施。

③能量转换。

在沥青混合厂用天然气或可再生能源取代重油和煤；

用电力取代黏合剂储存设施中使用的化石能源；

在机场安装光伏发电站提供自用电力。

④保护自然环境。

用机械或动力除草机取代植物保护产品；

通过全面安装个别水表,追踪用水量;

发展土方工程技术,减少车辆履带洒水所需水量40%。

此外,为了实现《巴黎协定》规定的全球气温升幅不超过2℃的目标,万喜集团正致力于研发行动和科技合作,尤其是与 Paris Tech 的合作。

除了为自己的活动流程制订行动计划外,万喜集团还致力于改善其供应商、合作伙伴和客户活动产生的间接碳足迹。例如,万喜集团高速公路(Vinci Autoroutes)正在领导一个"低碳高速公路"(Low-carbon motorway)项目,该项目包括与减少汽车排放(提倡电动汽车、氢动力汽车等)相关的解决方案、实践(道路流动性的密度:拼车、公共汽车等)和协调运输方式(发展多式联运和促进多式联运的基础设施)。

万喜机场在所有的机场网络部署环境政策 AirPact,减少额外的直接环境影响(温室气体排放和水消费减半,零使用植物保护产品和零废物填埋),包括积极主动的行动,以优化其客户活动的影响。

在对外联络部门,万喜集团也启动了许多不同的方法。

①未来有关建筑物的环保规例上游的实验性措施(积极能源和减少碳排放 – E + C –)。

②采用低碳混凝土和脱碳回收材料。

③开发创新的环保解决方案。例如:Eurovia 专利的"100% 再生道路";Power Road,一项收集太阳能后储存在地下并重新利用它来除冰或为附近建筑供热的道路网络;Oxygen,由万喜建筑工程公司开发,是一种生态参与,为建筑用户提供性能和辅助保障;Hub Energy,能源跟踪工具,将专门知识(能源诊断、审计、监控、优化等)应用于能源绩效合同。

作为实施其环境目标的一部分,万喜集团承诺每六个月通报一次其行动计划的进展情况。

（二）国际交通运输行业代表性企业

1. 意大利米兰都灵高速公路股份有限公司（ASTM S. P. A.，简称"ASTM"）

ASTM 是一家工业集团，在高速公路管理、大型基础设施工程和建设项目以及运输和移动技术领域开展业务。该集团是世界第二大收费公路运营商，拥有意大利、巴西（通过 EcoRodovias）和英国的特许经营权，经营着约 4 900 公里的公路。

2021 年 10 月，ASTM 宣布到 2030 年将减少 25% 的温室气体排放。ASTM 作为欧洲第一家高速公路运营商，其设定的温室气体减排目标获得"基于科学的目标倡议"（the Science Based Targets initiative，SBTi）的批准。

（1）ASTM 承诺在 2030 年前将"范围 1"和"范围 2"的温室气体排放量减少 25%，将"范围 3"的购买商品和服务的温室气体排放量减少 13%。

（2）SBTi 负责验证 ASTM 的目标。

（3）ASTM 通过致力于环境和气候保护，拓宽其长期战略视野，以促进其经营区域的增长、可持续性和发展。

范围 1（直接排放）：这一类包括来自组织拥有或控制能源的排放。

范围 2（间接排放）：这一类包括组织购买的用电量产生的排放。

范围 3（间接排放）：这一类包括因公司活动而产生的其他间接排放，包括与向第三方购买商品和服务有关的间接排放。

2. 意大利阿特兰蒂亚股份有限公司（Atlantia S. P. A.，简称"Atlantia"）

Atlantia 是一家意大利控股公司，活跃在基础设施领域，包括高速公路、机场基础设施和运输服务。该集团管理着 1.4 万公里的收费高速公路、意大利的菲乌米契诺（Fiumicino）和钱皮诺（Ciampino）机场，以及法国的尼斯（Nice）、戛纳—曼德利乌（Cannes – Mandelieu）和圣特罗佩（Saint Tropez）三条机场跑道，每年客流量超过 6 000 万人次。

Atlantia 认为持续的气候变化是一个风险因素，可能造成各种潜在损害（如声誉、资产价值、运营成本和向低碳经济转型的成本），为此制定了一项战略，该战略遵循多条路线，包括为应对气候变化而建立的平台和伙伴关系，以及为集团主要运营公司的活动进行碳评估。

2020 年，Atlantia 的气候战略新篇章制定了到 2040 年实现零排放的目标，比《巴黎协定》的目标提前了 10 年。这一目标将通过让运营公司参与具体计划来逐步减少排放，从而进一步投资于可再生能源、集团车队电气化、优化能源消耗的额外项目、再造林计划，研究替代燃料和新的碳捕获和存储（CCS）技术。技术创新将在向可持续模式的共同过渡道路和实现国际商定的气候目标方面发挥重要作用。

第三部分

广东交通集团碳排放核算体系的构建

第一节　碳排放核算基础方法

一、碳排放核算

随着气候问题在全球范围内日益受到关注，应对气候变化渐成共识，讨论的重点不再是是否采取控制措施，而是确定目标后如何以最小成本有效达到目标。2018 年联合国政府间气候变化专门委员会（IPCC）发文指出，只有将全球升温控制在 1.5℃范围内，才能避免因气候变化带来的大量损失和风险，要实现上述目标则须在本世纪实现全球范围内的净零碳排放，也即碳中和。在这样的背景下，世界各国、各地区相继作出了碳中和的承诺，并出台了一系列针对减少二氧化碳（CO_2）排放、改善气候环境的政策，如欧盟在 2019 年和 2020 年分别发布了《欧洲绿色新政》《欧洲气候法》等；我国在 2020 年提出了要力争"2030 年前实现碳达峰、2060 年前实现碳中和"的目标，并且印发了《国务院关于加快建立健全绿色低碳循环发展经济体系的指导意见》《关于完整准确全面贯彻新发展理念做好碳达峰碳中和工作的意见》等一系列"双碳"相关政策。实现"双碳"目标的一个重要前提是对碳排放的准确核算，只有算清楚碳排放才能有针对性地明确减碳目标、度量减碳成效。

温室气体主要包括臭氧（O_3）、二氧化碳（CO_2）、氧化亚氮（N_2O）、甲烷（CH_4）等，CO_2是其中最重要的部分。碳排放核算是指对人为活动产生的不同种类温室气体排放量进行测算，并将其乘以全球变暖潜能值后统一折算为tCO_2的过程。[①] 实现全球范围内的碳中和是一项既

[①]　孙建卫，赵荣钦，黄贤金，等. 1995—2005 年中国碳排放核算及其因素分解研究［J］. 自然资源学报，2010（8）：1284 – 1295.

庞大又复杂的工程，需要对不同层级主体的碳排放情况进行准确把握，由此便又形成了针对国家、地区行业、企业等的碳排放核算体系。碳排放核算体系包括核算途径和核算方法。

碳排放核算途径通常可以划分为"自上而下"和"自下而上"两类。前者测算以《IPCC 国家温室气体清单指南》为主流国际标准，后者测算以温室气体议定书（GHG Protocol）系列标准最为广泛使用。具体而言，"自上而下"是指直接使用国家的能源供应数据或者企业自测的能源类型和消耗量核算碳排放量。"自下而上"则是指采用相关数据估算企业的能源消耗量进而核算碳排放量。

碳排放核算方法整体可以划分为基于计算和基于测量两种方式。根据温室气体排放量核算的具体方法进行划分，主要包括排放因子法、质量平衡法和实测法三种方法，其中排放因子法、质量平衡法是基于计算的核算方法，实测法则是基于测量的核算方法。具体如下：

（一）排放因子法（基于计算）

排放因子法（emission-factor approach）又名排放系数法，是目前应用最为广泛的碳排放量核算方法，也是国内外清单编制的依据。[①] 排放因子法的基本原理是，各项碳排放源的碳排放量等于活动水平乘以排放因子。其中，活动水平量化了组织边界内碳排放的活动，而排放因子是指每单位活动水平对应的碳排放量。这种方法的基本计算公式为：

$$E = AD \times EF$$

上式中，E 表示温室气体排放量；AD 表示活动水平数据；EF 表示排放因子。

其中，活动水平数据主要是来自国家相关统计数据和监测数据，或

---

① 郝千婷，黄明祥，包刚. 碳排放核算方法概述与比较研究［J］. 中国环境管理，2011（4）：51－55.

者调查资料和排放源普查等，排放因子的遴选是这种核算方法的关键，CO_2的排放因子既可以采用《2006 年 IPCC 国家温室气体清单指南》中的缺省值，也可以根据权威机构的实际测量结果确定。

这种计算方法的优点在于计算过程标准化，简便易行，可适用于所有控排单位，且更适合碳市场建设初期使用。缺点则是目前暂无约束第三方核查机构的统一规范，实际工作中由于不同核查机构使用的计算、交叉比对方法等不同，存在被核查单位碳排放量偏高或偏低的问题。例如，《中国发电企业温室气体排放核算方法与报告指南（试行）》中要求控排单位每月监测 1 次燃料热值作为实测值，但天然气热值随上游气源变化实时波动，仅 1 次数据并不能完全反映当月天然气的平均热值水平。

（二）质量平衡法（基于计算）

质量平衡法（mass-balance approach）也称物料衡算法，其基本原理是投入物料总和等于产出产品与物料和产品流失的总和。当质量平衡法应用在碳排放量的核算时，就是投入物料所产生的排放等于产品产出的排放与物料和产品流失的排放之总和。张德英等指出，部门方法和参考方法是构成物料衡算法的核心内容，物料衡算法不但适用于总的碳排放量核算（整个生产过程的核算），也适用于局部的碳排放量核算（某一局部生产过程的核算）。[1] Singh 等使用能源消费基本质量平衡法详细计算了基于不同技术选择、不同规模的污水处理厂的能源和碳足迹核算情况。[2]

质量平衡法公式为：

$$\sum G_{投入} = \sum G_{产品} + \sum G_{流失}$$

上式中，$G_{投入}$ 表示投入物料总和；$G_{产品}$ 表示所得产品量总和；$G_{流失}$ 表

---

① 张德英，张丽霞. 碳源排碳量估算办法研究进展 [J]. 内蒙古林业科技，2005（1）：20 - 23.

② Singh P. , Kansal A. , Carliell - Marquet C. Energy and carbon footprints of sewage treatment methods [J]. *Journal of Environmental Management*, 2016, 165（1）: 22 - 30.

示物料和产品流失量总和。

质量平衡法适用范畴较广，方法简单，早已被广泛使用。2006 年，日本地球环境战略研究机关（IGES）就提出基于质量平衡法估算化石能源排放的参考方法和部门方法，较为实用，也能减少数据的不确定性。[①]

（三）实测法（基于测量）

实测法是采用监测手段对排放的气体量进行测定，由监测部门提供可信数据。在提供某类排放源平均数据时，该方法需要建立具有代表性的样本，对样本的数量和代表性具有较高的要求，由此带来的工作量较大。1997 年，经济合作与发展组织（OECD）指出，该方法结果精确、中间环节少，但数据获取相对困难、成本较高。[②]

实测法公式为：

$$G = K \times Q \times C$$

上式中，G 表示某气体排放量；K 表示公式中单位换算系数；Q 表示介质（空气）流量；C 表示介质中某气体浓度。

综上所述，排放因子法计算简单、权威性高、应用广泛、国际通用且适用范畴广，但因各地的生活方式、生产条件存在差别，核算得到的数据可靠性并不高，同时，碳排放因子的不确定性也存在较大风险。质量平衡法虽然计算较为准确、工作量较小、适用于宏中观，但其是基于有完备基础数据记录的统计估算法，就我国统计现状来看难以实现。实测法虽然计算精准、适用于微观，但由于需要对 CO_2 进行单独连续监测，

① IPCC, IGES. 2006 IPCC guidelines for national greenhouse gas inventories [R]. Geneva：Intergovernmental Panel on Climate Change, Institute for Global Environmental Strategies, 2006.

② IPCC, UNEP, OECD, IEA. Revised 1996 IPCC guidelines for national greenhouse gas inventories [R]. Paris：Intergovernmental Panel on Climate Change, United Nations Environment Program, Organization for Economic Co-operation and Development, International Energy Agency, 1997.

导致成本相当高且监测范围有限、数据获取难。①

二、高速公路碳排放核算

（一）高速公路建设业务的碳排放源

卢海涛等提出，高速公路勘探设计阶段的工作主要包括原材料的挖掘、场地平整、材料采购等，其中采购的材料包括钢筋、混凝土等直接材料和施工过程中所用的模板、脚手架等周转材料。此阶段的总能耗包括以下几个部分：原材料的开采、采购生产的直接能耗；在场地平整过程中的能耗，主要包括机械运输挖填土石方、机械平整等；建材在形成半成品过程中的能耗和建材原材料生产过程中的能耗。高速公路施工建设包括基础工程、路面工程、桥梁隧道工程和沿线附属设施工程。直至整条公路交付使用为止，其主要能耗包括：施工过程中的运输总能耗；不同施工工艺的能耗总和。② 马武昌等定义的高速公路勘察设计阶段一般是指从编写项目建议书到完成施工图设计的阶段，提出该阶段碳足迹主要包括办公室工作直接和间接产生的碳排放、户外勘测活动直接或间接产生的碳排放、人员差旅活动直接或间接产生的碳排放和人员生命活动产生的碳排放等；施工建设阶段碳排放主要包括建材（含设备）生产产生的碳排放、建材（含设备）运输产生的碳排放、施工设备能源（含电能）消耗产生的碳排放、施工建设水资源消耗产生的碳排放、施工管理活动产生的碳排放、施工人员生命活动产生的碳排放、施工建筑垃圾运输产生的碳排放、施工建筑垃圾填埋产生的碳排放和施工建设改变土地

---

① 刘学之，孙鑫，朱乾坤，等. 中国二氧化碳排放量相关计量方法研究综述 [J]. 生态经济，2017，33（11）：21 – 27.

② 卢海涛，杨文安. 高速公路全生命周期能耗统计模型 [J]. 武汉理工大学学报（交通科学与工程版），2011，35（5）：1044 – 1048.

利用方式产生的碳汇等。[①]

方海等基于全寿命周期理论，构建公路建设期碳排放计算模型：

$$C = C_{材料物化} + C_{建设施工}$$

其中，$C_{材料物化}$为公路在材料物化阶段各环节产生的碳排放总量，$C_{建设施工}$为公路在建设施工阶段各环节产生的碳排放总量。[②]

李慧等基于公路全生命周期的研究发现，施工建设阶段对环境的影响最大，其次是运营维护阶段和拆除回收阶段。同时，公路建设阶段所用的建材中，钢筋和沥青混凝土对碳排放的贡献最大，钢筋和沥青混凝土的生产及加工过程对生态环境造成了极大影响。[③]

综上所述，高速公路建设业务主要包括勘探设计和施工建设两大部分，高速公路建设业务是高速公路全生命周期的主要碳排放源。

（二）高速公路运营业务的碳排放源

高速公路全生命周期能耗可以定义为高速公路从施工准备阶段直至高速公路废弃整个生命过程中的总能源消耗。通常来说，高速公路的生命周期分为4个阶段：①勘探设计阶段；②施工阶段；③运营维护阶段；④拆除回收阶段。[④]

针对高速公路运营碳排放源，潘美萍提出，路面在使用过程中，随着时间、气候因素和行车荷载作用次数的增加，其使用性能会逐渐变

---

① 马武昌，凤振华. 交通建设项目（公路、港口）碳足迹分析 [J]. 公路，2021，66（1）：315 – 321.

② 方海，曹子龙，凤振华，等. 基于全生命周期理论的公路建设期碳排放核算方法及实证研究 [J]. 公路工程，2021，46（1）：92 – 97，124.

③ 李慧，彭夏清，张静晓. 公路生命周期碳排放评估及其敏感性分析 [J]. 公路工程，2021，46（2）：132 – 138.

④ 卢海涛，杨文安. 高速公路全生命周期能耗统计模型 [J]. 武汉理工大学学报（交通科学与工程版），2011，35（5）：1044 – 1048.

差，在衰减到某一预定标准之前，就需要对路面采取各种养护或改建措施。① 《公路养护技术规范》指出，对沥青路面应进行预防性、经常性和周期性养护，加强路况巡查，掌握路面的使用状况，根据路面的实际情况制订日常小修保养和经常性、预防性、周期性养护工程计划，对于较大范围路面损坏和达到或超过设计使用年限的路面，应及时安排大中修或改建工程；对水泥路面应做好预防性、经常性保养和破损修补，保持路面处于良好的技术状况与服务水平，保持路容整洁，定期进行清扫保洁。卢海涛等研究发现，公路养护包括路面保养、维修等。路面保养是公路养护中的一个重要部分，由于其具有规律性，日常养护中的能耗可以根据清单来计算；对于路面维修，由于其损坏频率较高，其中的碳排放包括：原材料的采购、运送、机械修补、固体垃圾的掩埋 4 个过程所消耗的能量。② 马武昌等提出，运营维护阶段碳排放包括运营活动碳排放和维护活动碳排放。运营活动碳排放可以划分为运营设备能源消耗产生的碳排放、运营照明电力（不含自产电力）消耗产生的碳排放、运营管理活动产生的碳排放和运营人员生命活动产生的碳排放等。维护活动碳排放类似于施工建设阶段碳排放组成，主要包括建材（含设备）生产产生的碳排放、建材（含设备）运输产生的碳排放、维护施工设备能源（含电能）消耗产生的碳排放、维护施工管理活动产生的碳排放、维护施工人员生命活动产生的碳排放、施工建筑垃圾运输产生的碳排放和施工建筑垃圾填埋产生的碳排放等。③

关于高速公路运营评价体系，赵恺彦等提出，高速公路运营碳足迹由养护工程碳足迹和土地利用/覆被变化（LUCC）碳足迹两方面组成，其中养护工程与建设工程类似，年养护工程碳足迹与建设工程碳足迹呈

---

① 潘美萍. 基于 LCA 的高速公路能耗与碳排放计算方法研究及应用 [D]. 广州：华南理工大学，2011.

② 卢海涛，杨文安. 高速公路全生命周期能耗统计模型 [J]. 武汉理工大学学报（交通科学与工程版），2011，35（5）：1044 – 1048.

③ 马武昌，凤振华. 交通建设项目（公路、港口）碳足迹分析 [J]. 公路，2021，66（1）：315 – 321.

较稳定的比例关系。高速公路的 LUCC 碳足迹变化主要体现在两方面：一是破坏原有碳汇；二是高速公路绿化新增的碳汇。[①] 张波构建了涵盖道路基础设施状况、道路服务水平、收费站服务水平、养护计划组织水平、交通安全水平、运营管理信息化水平的高速公路低碳交通运营管理评价指标体系。[②] 曹勇也构建了高速公路低碳交通运营管理评价指标体系，主要包括道路基础设施状况、道路服务水平、收费站服务水平、养护计划组织水平、运营管理信息化水平和交通安全水平 6 个方面。[③] 张晓航等根据高速公路运营过程中的能源活动工作分类及植被的碳汇功能划分了评价体系边界，提出了公路资产、养护维修、交通通行三大板块碳排放评价指标。[④]

综上所述，高速公路运营业务主要包括运营和养护两大部分，同时，根据评价指标体系可将高速公路运营分为五大部分，分别为：管理中心产生的碳排放、路面设施产生的碳排放、收费站产生的碳排放、服务区产生的碳排放、路面养护产生的碳排放。其中前四项是运营阶段的排放，最后一项为养护阶段的排放。

（三）太阳光伏减排

光伏发电系统实现碳减排，最终是以多发电抵消生产过程中的碳排放来实现的。龚道仁等通过实证研究发现，对于 1 kW 的光伏系统，其生产过程耗电量为 2 256 kWh。考虑其他各种人员以及管理、运输、安装等过程的碳排放，一般在其耗电量基础上增加 20% 是比较保险和通用的，因此该系统的耗电量为 2 707 kWh。如果该系统能按设计使用年限 25 年

---

① 赵恺彦，吴绍华，蒋费雯，等. 高速公路建设和运营的碳足迹研究：以江苏省为例 [J]. 资源科学，2013，35（6）：1318 – 1327.

② 张波. 高速公路低碳交通运营管理评价研究 [D]. 西安：长安大学，2012.

③ 曹勇. 高速公路低碳交通运营管理评价研究 [J]. 科技创新导报，2015，12（18）：202.

④ 张晓航，向一鸣. 基于清单分析的高速公路运营期碳排放评价 [J]. 公路交通科技（应用技术版），2018，14（9）：325 – 327.

运行，在 9 000 MJ/m²、5 000 MJ/m²、3 000 MJ/m² 的不同光照强度下，其产生的电量分别为 37 175 kWh、20 640 kWh、12 372 kWh。[①] 由此可见，太阳光伏产生的 CO_2 排放量占比极小，所以在后文计算时可以忽略。刘林坤从全生命周期的角度出发，通过 LCA（生命周期评价法）对光伏发电系统整个生命周期的碳减排效果进行了分析。通过建立模型，计算得出该系统的单位发电量的温室气体排放强度为 0.156 kgCO₂/kWh。该强度远远小于火力发电系统的全生命周期排放强度，其减排效果十分明显。[②] 这肯定了光伏发电系统在全生命周期中高效的碳减排能力，对大力开发我国光伏发电项目具有非常积极的意义。所以，太阳光伏的减排效果不可忽略。

光伏发电的基本计算方法有标准法、组件面积法、标准小时数法和经验系数法。章海灿等对光伏发电的方法进行了研究，并总结了光伏发电的计算方法和每种方法的优缺点。[③]

1. **标准法**

国家标准《光伏发电站设计规范》（GB 50797—2012）第 6.6 条规定："光伏发电站发电量预测应根据站址所在地的太阳能资源情况，并考虑光伏发电站系统设计、光伏方阵布置和环境条件等各种因素后计算。"光伏发电站发电量的计算公式为：

$$E_p = H_A \times (P_{AZ}/E_s) \times K$$

上式中，E_p 为发电量，单位为 kWh；H_A 为水平面太阳能总辐照量，单位为 kWh/m²；P_{AZ} 为组件安装容量，单位为 kWp；E_s 为标准条件下的

---

① 龚道仁，陈迪，袁志钟. 光伏发电系统碳排放计算模型及应用 [J]. 可再生能源，2013，31（9）：1 – 4，9.

② 刘林坤. 光伏发电项目自愿减排量方法学研究 [D]. 武汉：湖北工业大学，2018.

③ 章海灿，杨松，罗易，等. 光伏电站发电量计算方法研究 [J]. 太阳能，2016（8）：42 – 45.

辐照度，常数为 1 kWh/m^2；K 为综合效率系数。其中，K 包括光伏组件类型修正系数、光伏方阵的倾角、方位角修正系数、光伏发电系统可用率、光照利用率、逆变器效率、集电线路损耗、升压变压器损耗、光伏组件表面污染修正系数、光伏组件转换效率修正系数等。一般 K 取 75%~85%，视光伏发电站内逆变器效率、变压器损耗、组串布置、线路损失、阴影遮挡等情况而定，下文计算则取平均数值 80%。

2. 组件面积法

组件面积法公式是标准法计算公式的一个衍化公式，光伏发电站发电量的计算公式为：

$$E_p = H_A \times S \times K_1 \times K_2$$

上式中，S 为所有组件面积总和，单位为 m^2；K_1 为组件转换效率，$K_1 =$ 组件标称功率/组件面积 $\times 1\,000$ W/m$^2 \times 100\%$；K_2 为综合效率系数。其中，K_2 包括：

（1）光伏发电站用电损耗和线路损耗：站内电气设备用电和输电线路损耗约占总发电量的 3%，则对应的修正系数取 97%。

（2）逆变器效率：一般为 95%~98%。

（3）工作温度造成的损耗：光伏组件效率与温度变化成反比，温度越高，效率越低；一般光伏组件工作温度损耗约为 4%。

（4）其他因素造成的损耗：除了上文提到的各项因素，影响光伏发电站上网电量的因素还包括升压变压器损耗、不可利用的太阳辐照损失、电网吸纳损失等，修正系数取 95%。

3. 标准小时数法

标准小时数法是根据系统安装容量和标准日照小时数进行计算的方法。光伏发电站发电量的计算公式为：

$$E_p = PHK$$

上式中，P 为光伏发电站系统安装容量，单位为 kWp；H 为光伏发电站站址所在地标准小时数，单位为 h。

4. 经验系数法

光伏发电站发电量的计算公式为：

$$E_p = PL$$

上式中，L 为经验系数，取值根据光伏发电站站址所在地日照情况而定，一般取 90%～180%。

综上所述，标准法是根据太阳能总辐照量、组件安装容量、综合效率系数计算发电量，是最全面的一种计算方法，但是对综合效率系数的把握是一个考验，一般取 75%～85%，视情况而定。组件面积法是标准法的变化公式，适用于倾角安装的项目，根据水平辐照度换算成倾斜面辐照度，即可计算出较准确的发电量。标准小时数法也是标准法的变化公式，这种方法简单方便，还可用于日平均发电量计算，适用范围广。经验系数法是估算发电量最快捷的方法，但是对上述估算要求极高。结合高速公路运营维护铺设太阳光伏的情况，考虑这四种方法的优缺点以及数据的可获得性，本研究采用标准小时数法对太阳光伏产生的电量进行计算。

（四）ETC 减排

Hernández 等提出了一种综合方法，用于评估收费站不同收费系统的碳足迹——人工、ETC（电子收费）和 ORT（开放式道路收费）。该方法考虑了不同收费系统的四个行驶阶段——减速、服务时间、加速和排队。以西班牙 AP－6 收费高速公路为例，对于两个主线收费广场提出了不同的场景，考虑了收费系统和排队管理。案例研究表明，ORT 系统可减少高达 70% 的 CO_2 排放，而 ETC 系统可节省 20%。[①]

肖鹤等通过研究发现，ETC 系统的碳减排主要通过减少燃油消耗量

---

① Hernández del Olmo S. , Monzón de Cáceres A. , Sobrino Vazquez N. Decarbonization of toll plazas: impact assessment of toll collection system management [J]. *System*, 2013, 2: 3.

来实现，将减少的燃油量转化为 CO_2 排放量，即得到 ETC 系统的碳减排量。同时，在此项研究中建立了 ETC 系统碳减排计算模型，通过现场调研和分析计算等方法对模型参数进行确定，得出 ETC 减排影响因素包括 ETC 车道通行量、车辆型号、燃油性能、服务时间、排队数量以及收费站相关规定数据等。[①]

Kheawubon 等通过研究发现，采用电子收费（ETC）系统是缓解高速公路检查站前交通问题的措施之一。此研究主要评估时间、速度和加速度、燃油消耗及 CO_2 排放量四个主要因素对 ETC 系统的影响，并与人工收费（MTC）进行比较。该研究选择曼谷 Ram Inthra Toll Plaza 作为案例，并选择 2010 年 3 月日产车型作为代表车型。研究结果表明，使用 ETC 系统支付费用的时间仅为 2 秒，比 MTC 快 6 倍左右。与 MTC 相比，使用 ETC 系统每趟可减少高达 4 毫升的燃料消耗，减少约 9.7% 的 CO_2 排放。[②]

Revellino 在跟踪碳核算的微观过程中探讨了碳核算的模拟计算，并在 Telepass（一种技术创新，使驾车者在高速公路上行驶时无须在收费站停车支付过路费）与 CO_2 排放之间建立了一种关系。Telepass 系统节省碳排放量的估算模型以 Autostrade 公司为例，计算了经由人工收费通过收费站的车辆与配备 Telepass 系统的车辆之间的油耗差异。模拟计算将车辆通过收费站分为三个阶段：减速；付款/取票；加速。研究结果表明，Telepass 系统可以使汽车减少排放。[③]

根据上述文献总结，车辆通过 MTC 和 ETC 收费口的油耗计算如下：

① 肖鹤，解建光，余健晖，等. ETC 系统碳减排模型研究［J］. 中国交通信息化，2015（S1）：36 - 39.

② Kheawubon C. , Usapein P. , Khedari J. Impact of electronic toll collection system on energy saving and CO_2 emission：a case study of passenger carsin Thailand［J］. *International Journal of Renewable Energy Research*，2018，8（4）：1840 - 1848.

③ Revellino S. Accounting for carbon emissions：simulating absence through experimental sites of material politics［J］. *Sustainability Accounting, Management and Policy Journal*，2020，11（3）.

1. MTC 收费口油耗计算

车辆通过 MTC 收费口分为四个阶段：减速阶段、怠速阶段、加速驶离阶段、排队等候阶段。

（1）减速阶段：

$$f_1 = FC_w \times T_a / 1\,000$$

上式中，f_1 为减速阶段车辆油耗，单位为 L；FC_w 为车辆怠速单位油耗，单位为 mL/s；T_a 为车辆减速时间，单位为 s。

（2）怠速阶段：

$$f_2 = FC_w \times (T_b + T_c) / 1\,000$$

上式中，f_2 为怠速阶段车辆油耗，单位为 L；FC_w 为车辆怠速单位油耗，单位为 mL/s；T_b 为收费站入口人工服务时间，单位为 s；T_c 为收费站出口人工服务时间，单位为 s。

（3）加速驶离阶段：

$$W = \frac{1}{2}mV^2 + (Fa + Fr + Fl) \times \frac{1}{2}S_a + E$$

$$Fr = C_0 mg$$

上式中，W 为 MTC 收费口车辆由原地怠速至驶离收费广场所需能量，单位为 J；m 为车辆有效质量，单位为 kg；V 为收费站最高限速，单位为 m/s；Fa、Fr、Fl 为一车辆行驶过程中的空气阻力、滚动阻力、惯性阻力，单位为 N；C_0 为滚动摩擦系数；S_a 为收费广场长度，单位为 m；E 为汽车内部构件摩擦产生的热量，单位为 J；g 为重力加速度，单位为 m/s^2。

加速阶段车辆油耗：

$$f_3 = W / \eta \times q \times \rho$$

上式中，f_3 为加速阶段车辆油耗；η 为汽油燃烧效率；q 为汽油热值，单位为 J/kg；ρ 为汽油密度，单位为 kg/L。

（4）排队等候阶段：

$$f_4 = W/\eta \times q \times \rho + FC_w \times T_a/1\,000$$

$$W = (R-1)\left[\frac{1}{2}mV^2 + (Fa+Fr+Fl) \times \frac{1}{2}S_b + E\right]$$

$$T_d = (R-1)(T_b+T_c)+t$$

上式中，f_4 为排队等候阶段车辆油耗，单位为 L；W 为 MTC 收费口车辆排队缓行所需能量，单位为 J；T_a 为车辆缓行减速时间，单位为 s；R 为 MTC 收费口平均等待车辆数；V 为车辆缓行最高速度，单位为 m/s；S_b 为 MTC 收费口排队车辆车头间距，单位为 m；T_d 为车辆排队等候时间，单位为 s。

故 MTC 收费口总耗油量：

$$F_1 = f_1 + f_2 + f_3 + f_4$$

上式中，F_1 为车辆通过 MTC 收费口的油耗，单位为 L。

车辆通过 MTC 收费口的碳排放总量：

$$M_{MTC} = \sum k \times N_i \times F_1$$

上式中，M_{MTC} 为车辆通过 MTC 收费口的碳排放总量，单位为 kg；k 为燃料 CO_2 排放因子；N_i 为代表车型通行量。

MTC 收费口在高速公路运营业务中产生的碳排放总量：

$$E_{MTC} = M_{MTC} - M_1$$

上式中，E_{MTC} 为 MTC 收费口在高速公路运营业务中产生的碳排放总量；M_1 为车辆以匀速形式通过的耗油量产生的排放。

2. ETC 收费口油耗计算

车辆进入 ETC 收费车道，没有停车等待过程，只需减速至收费站最高限速，即可匀速通过整个收费广场，由此可得车辆通过 ETC 收费口的油耗为：

$$F_2 = Q_i/10\,000 \times S_a$$

上式中，F_2 为车辆通过 ETC 收费口的油耗，单位为 L；Q_i 为汽车百公里油耗，单位为 L/100 km；S_a 为收费广场长度，单位为 m。

车辆通过 ETC 收费口的碳排放总量：

$$M_{ETC} = \sum k \times N_i \times F_2$$

上式中，M_{ETC} 为车辆通过 ETC 收费口的碳排放总量，单位为 kg。

ETC 收费口在高速公路运营业务中产生的碳排放总量：

$$E_{ETC} = M_{ETC} - M_1$$

上式中，E_{ETC} 为 ETC 收费口在高速公路运营业务中产生的碳排放总量。

三、出行客运服务业务的碳排放核算

（一）出行客运服务业务的碳排放现状

在社会发展中，交通承载着资源的流动与配置。[1] 随着经济的快速增长，人们对交通运输的依赖程度也随之提高，交通部门的能源消费呈现出加速趋势，成为资源消耗最密集的部门之一。根据《中国能源统计年鉴 2010》，2000 年我国交通行业能源消费量为 11 241.59 万吨，到 2010 年翻一番，达到 26 068.47 万吨，能源消耗占总量的比例达到了 8.04%。[2] 到了 2018 年，我国交通部门一次能源需求为 5.14 亿吨标准煤，占当年我国一次能源消费总量的 10.9%，交通部门直接碳排放为

---

① 姬文哲. 天津市交通碳排放计算与减排对策研究 [D]. 天津：天津大学，2013.

② 国家统计局. 中国能源统计年鉴 2010 [M]. 北京：中国统计出版社，2011.

10.2 亿 tCO_2，约占当年全社会碳排放总量的 10%。[①] 客运交通是交通行业化石能源消耗和温室气体排放的重要领域。道路交通消耗化石燃料排放的温室气体主要包括 CO_2、CH_4 和 N_2O，据统计，这三类温室气体分别占道路运输部门 CO_2 等量排放的约 97%、2%~3% 和 1%。因此，CO_2 排放占交通排放的绝对比重。[②] 本书中提及的城市道路客运交通温室气体排放仅考虑交通工具在运行过程中消耗燃料产生的 CO_2 排放，CH_4 和 N_2O 等温室气体不做考虑。

（二）出行客运服务业务的碳排放核算方法

在客运交通碳排放研究方面，国外已经形成完整的计算模型及公式，有研究表明，客运交通 CO_2 排放量与行驶里程、能源使用率以及对应的系数等高度相关。[③] 目前国际上认可的客运交通碳排放量计算方法主要是《2006 年 IPCC 国家温室气体清单指南》中提出的两种关于交通部门移动排放源 CO_2 排放的计算方法——"自上而下"法与"自下而上"法。[④]

第一种方法是"自上而下"法。这种方法是基于交通工具燃料消耗的统计方法，按照各种交通方式能源消费量乘以对应的 CO_2 排放因子计算得到 CO_2 排放量。这种计算方法一般是基于企业提供的终端统计数据，由于难以获取道路运输车用燃料的准确比例，且能源类型及消耗量统计

---

① 刘建国，朱跃中，田智宇."碳中和"目标下我国交通脱碳路径研究 [J]. 中国能源，2021，43（5）：6-12，37.

② 储诚山，陈洪波，陈军. 城市道路客运交通碳排放核算及实证分析 [J]. 生态经济，2015，31（9）：56-60.

③ 张德英，张丽霞. 碳源排碳量估算办法研究进展 [J]. 内蒙古林业科技，2005（1）：20-23；Singh P., Kansal A., Carliell-Marquet C. Energy and carbon footprints of sewage treatment methods [J]. *Journal of Environmental Management*, 2016, 165（1）：22-30；IPCC, IGES. Good practice guidance for land use, land-use change and forestry [R]. Japan：Intergovernmental Panel on Climate Change, Institute for Global Environmental Strategies, 2003.

④ 储诚山，陈洪波，陈军. 城市道路客运交通碳排放核算及实证分析 [J]. 生态经济，2015，31（9）：56-60.

存在不完全风险，所以最终碳排放量核算结果会存在一定偏差，但该方法计算简单，支持不同能耗类型的排放分析，可靠性相对较高，因此被广泛应用于交通运输行业碳排放量测算中。[①] 吴开亚等采取 IPCC "自上而下" 法对上海市 2000—2010 年交通 CO_2 排放情况进行测算，并分析人均 CO_2 排放量和单位 GDP CO_2 的变化趋势，最后采取 LMDI 分化方法，对上海市交通 CO_2 排放情况采取模型研究。研究结果表明，人均 GDP 与人口对客运交通 CO_2 排放量的增加起促进作用，燃料利用结构的改变可以有效减少客运交通 CO_2 排放量。[②] 邱小燕等基于扬州市交通能源消耗量，采用 "自上而下" 法对扬州市 2010—2014 年交通 CO_2 排放情况进行量化，分析 CO_2 排放总量与人均 CO_2 排放量的变化趋势和影响因素，并根据扬州市客运交通现状提出低碳发展策略。[③] 董卫以客运交通为研究对象，分析西宁市的客运交通现状，应用 "自上而下" 法对西宁市 2011—2015 年客运交通碳排放进行估算，运用文字云图法展示碳排放具体分布情况，并通过情景分析得出轨道交通和新能源汽车是西宁市交通实现低碳的有效途径，最后提出西宁市低碳交通发展应该从政策、计算、规划三个层面采取具体措施。[④]

第二种方法是 "自下而上" 法。这种方法是基于不同交通类型的车辆、保有量、行驶里程、单位行驶里程燃料消耗等数据计算燃料消耗，从而计算 CO_2 排放量。[⑤] 具体公式如下：

$$A_i = B_i \times C_i \times D_i \times E_i$$

上式中，i 表示客运类型；A 表示 CO_2 排放量，单位为 kg；B 表示交

① 蔡凤田，刘莉，韩立波. 公路运输能源消耗现状及其节能降耗对策 [J]. 交通世界（运输·车辆），2007（6）：98-101.
② 吴开亚，何彩虹，王桂新，等. 上海市交通能源消费碳排放的测算与分解分析 [J]. 经济地理，2012，32（11）：45-51.
③ 邱小燕，刘海春. 扬州市交通碳排放测算 [J]. 扬州职业大学学报，2015，19（4）：48-51.
④ 董卫. 西宁市客运交通低碳发展研究 [D]. 西宁：青海师范大学，2016.
⑤ 杨向龙. 典型城市客运交通碳排放研究 [D]. 太原：山西大学，2017.

通工具的保有量，单位为辆；C 表示年行驶里程，单位为 km；D 表示能源利用率（百公里能源消耗量），单位为 kWh、L/100 km；E 表示对应燃料 CO_2 排放因子。

我国目前对于交通 CO_2 量化的相关研究多采用"自下而上"法。[①] 苏城元等根据"自下而上"法核算了上海市交通 CO_2 排放情况并分析其结构，结果表明私家车是主要的排放源，最后采取情景分析法验证了各类情景下的减排效果。[②] 贾培培以西安市为例，采用"自下而上"法对城市交通碳排放进行核算和实证分析，结果表明超过 60% 的 CO_2 来自私家车。其提出完善交通结构、提升燃油品质及效率是使客运交通 CO_2 排放量减少的有效途径之一。[③] Kumar 和 Nagendra 采用"自下而上"法得出，印度钦奈 CO_2 总排放量为 212 万吨，其中交通部门占 29.7%，均量为 0.45 吨/年，低于全国水平，并且夏季的排放量略高。[④] 值得注意的是，"自下而上"的过程分析法一般基于调查数据，而调查数据准确性、车辆使用强度差异等都会影响到总量推算的可靠性。[⑤]

综上所述，我们可以看出这两种方法均有利弊。邵丹等以上海城市客运交通工具（含公共交通、个体机动交通）为研究对象，以交通运行阶段能源消耗产生的碳排放为测算口径，基于行业统计、交通活动量等多元数据，对交通结构优化和能源结构调整的碳减排效益进行量化测算。其指出可以根据不同交通方式能源消耗数据的可获取性，采取分类差别

---

① 赵瑜，Nielsen, C. P., Mcelroy, M. B. 自下而上的中国 CO 与 CO_2 排放：近年趋势，不确定性，以及对能源效率和污控水平提升的反映 [C]. 第 19 届中国大气环境科学与技术大会暨中国环境科学学会大气环境分会 2012 年学术年会.

② 苏城元，陆键，徐萍. 城市交通碳排放分析及交通低碳发展模式：以上海为例 [J]. 公路交通科技，2012，29（3）：146 – 152.

③ 贾培培. 城市交通碳排放分析及实证研究 [J]. 价值工程，2012，31（32）：290 – 291.

④ Kumar M. K., Nagendra S. M. S. Quantification of anthropogenic CO_2, emissions in a tropical urban environment [J]. *Atmospheric Environment*, 2016, 125：272 – 282.

⑤ 白晓莉，张圣忠. 中国道路运输碳足迹研究 [J]. 长安大学学报（社会科学版），2013，15（4）：45 – 50.

化计算方法。例如，城市公交等公共交通碳排放可以基于能耗统计数据，采用"自上而下"法直接测算；个体机动交通由于能耗统计渠道不健全，则可以基于燃油汽车和电动汽车的活动量等数据，采用"自下而上"法进行测算。①

值得注意的是，我国《陆上交通运输企业温室气体排放核算方法与报告指南》采用"自上而下"的核算方法，同时采用"自下而上"的核算方法辅助进行核验。

（三）出行客运服务业务的碳排放核算边界

客运交通碳排放量核算的另一个重要问题是系统边界界定，即在核算碳排放量时是否包括间接排放，间接排放的边界定在哪里。② 关于这个问题，学术界存在两类观点。一类认为只有与产品或活动直接相关的排放量才应该被包括在内③，因为包含间接排放可能引起重复计算且难以确定排放责任④。但是 Matthews 等以美国 491 个经济部门为研究对象，核算了其产品和服务的温室气体排放量，得到的结论是总体上直接排放仅占总排放量的 26% ，大部分是间接排放。⑤ 这种只考虑直接排放的观点目

① 邵丹，李涵. 城市客运交通电动化碳减排效益和碳达峰目标：以上海市为例［J］. 城市交通，2021，19（5）：42，53－58.

② 计军平，马晓明. 碳足迹的概念和核算方法研究进展［J］. 生态经济，2011（4）：76－80.

③ Carbon footprint measurement methodology（Version 1.3）［R］. London：The Carbon Trust，2007.

④ Lenzen M. Double-counting in life cycle calculations［J］. *Journal of Industrial Ecology*，2008，12（4）：583－599；Lenzen M.，Murray J.，Sack F.，et al. Shared producer and consumer responsibility：theory and practice［J］. *Ecological Economics*，2007，61（1）：27－42；Matthews H. S.，Hendrickson C. T.，Weber C. L. The importance of carbon footprint estimation boundaries［J］. *Environmental Science & Technology*，2008，42（16）：5839－5842.

⑤ Matthews H. S.，Hendrickson C. T.，Weber C. L. The importance of carbon footprint estimation boundaries［J］. *Environmental Science & Technology*，2008，42（16）：5839－5842.

前在我国并非主流观点。而另一类认为碳排放量应包含产品或活动在生命周期内的直接排放和间接排放。这种观点目前受到大部分学者的肯定。储诚山等认为，城市道路客运交通温室气体排放分为直接排放和间接排放，直接排放是指汽油、柴油、天然气等化石燃料在各种移动源设备（包括自有及租赁的交通工具）中与氧气充分燃烧产生的 CO_2 排放；间接排放是指交通工具消耗的净购入电力（如电动汽车充电消耗的电力）导致的温室气体间接排放。[①] 白晓莉等提出，道路运输碳足迹应包含间接排放，不能认为电动公交无排放气体，在计算公共交通的碳足迹时就不去衡量这部分电力所产生的温室气体排放量。[②] 间接排放的边界可以从数据可得性、层次清晰性、内容完整性等方面进行综合考虑，选择整个生命周期或某一完整过程进行碳排放核算。[③]

第二节 广东交通集团碳排放核算体系

一、碳排放核算的一般性说明

1. 术语和定义

（1） CO_2 排放。

在特定时段内向大气释放的 CO_2。

（2）燃料燃烧排放。

化石燃料在氧化过程中产生的 CO_2 排放。

---

① 储诚山，陈洪波，陈军. 城市道路客运交通碳排放核算及实证分析 [J]. 生态经济，2015，31（9）：56 - 60.

② 白晓莉，张圣忠. 中国道路运输碳足迹研究 [J]. 长安大学学报（社会科学版），2013，15（4）：45 - 50.

③ 王迪生. 基于生物量计测的北京城区园林绿地净碳储量研究 [D]. 北京：北京林业大学，2010.

（3）工业生产过程排放。

原材料在工业生产过程中除燃料燃烧之外的物理或化学变化造成的 CO_2 排放。

（4）购入电力产生的排放。

企业消费的购入电力所对应的电力生产环节产生的 CO_2 排放。

（5）活动水平。

量化导致 CO_2 排放或清除的生产或消费活动的活动量，如每种燃料的消耗量、购入的电量等。

（6）排放因子。

表征单位生产或消费活动量的 CO_2 排放系数，如每单位化石燃料燃烧所产生的 CO_2 排放量、每单位购入电量所对应的 CO_2 排放量等。

（7）碳排放总量。

一定时期内的 CO_2 排放总量。

（8）碳氧化率。

燃料中的碳在燃烧过程中被氧化的百分比。

（9）高速公路。

能适应年平均昼夜小客车交通量为 25 000 辆以上、专供汽车分道高速行驶并全部控制出入的公路。

（10）高速公路运营。

高速公路竣工通车之后，对高速公路的各项功能（如收费、养护、交通、安全、服务等）进行有计划、有组织的控制和协调。

（11）公路运输企业。

在交通运输部门登记注册并取得《道路运输经营许可证》，以营业性道路运输汽车为工具从事班车客运、包车客运（含旅游客运）或货物运输业务的企业，包括公路旅客运输企业和道路货物运输企业。

（12）公路旅客运输企业。

从事城市以外道路旅客运输活动的企业。

（13）城市客运企业。

在城市范围内以实现人的空间位移为主营业务的企业，包括城市公共交通运输企业（如轨道交通、快速公交、常规公交等）和出租汽车运输企业。

（14）城市公共交通运输企业。

在城市一定区域内，利用公共汽、电车及轨道交通车辆等工具和有关设施，按照核定的路线、站点、时间、票价运营，为社会公众提供基本出行服务的企业。其中，城市轨道交通指采用专用轨道导向运行的城市公共客运交通系统，包括地铁系统、轻轨系统、单轨系统、现代有轨电车、磁浮系统、自动导向轨道系统、市域快速轨道系统。

（15）旅客周转量。

报告期内运输车辆实际运送的每位旅客与其相应运送里程的乘积之和，计算单位为人公里。

$$旅客周转量（人公里）= \sum 运送的每位旅客 \times 该旅客运送里程$$

2. 引用文件

（1）《2006 年 IPCC 国家温室气体清单指南》。

（2）《省级温室气体清单编制指南（试行)》。

（3）《温室气体议定书——企业核算与报告准则》。

（4）《温室气体议定书——产品寿命周期核算和报告标准》。

（5）《温室气体核算体系：企业价值链（范围三）核算与报告标准》。

（6）《广东省市县（区）级温室气体清单编制指南（试行)》。

（7）《陆上交通运输企业温室气体排放核算方法与报告指南》。

（8）《中国能源统计年鉴 2013》。

（9）《煤的发热量测定方法》（GB/T 213—2008）。

（10）《石油产品热值测定法》（GB 384—1981）。

（11）《天然气能量的测定》（GB/T 22723—2008）。

二、碳排放核算流程

本体系适用交通集团 CO_2 排放量的核算和报告，完整的工作流程如下：

（1）确定核算边界。

（2）识别和确定应核算的排放源。

（3）收集各个碳排放活动水平数据。

（4）选择和获取排放因子数据。

（5）依据核算边界核算 CO_2 排放量。

（6）汇总计算 CO_2 排放总量。

三、碳排放核算方法

（一）化石燃料燃烧排放

1. CO_2 排放量的计算

燃料燃烧活动产生的 CO_2 排放量是企业核算报告期内各种化石燃料燃烧产生的 CO_2 排放量之和。具体计算公式详见表 3 - 1。

表 3 - 1　化石燃料燃烧产生的 CO_2 排放量计算公式

化石燃料燃烧产生的 CO_2 排放量	解释说明	
$E_{燃烧 - CO_2} = \sum AD_i \times EF_i$	$AD_i = NCV_i \times FC_i$ AD_i 为核算报告期内第 i 种化石燃料的活动水平，单位为百万千焦（GJ）	NCV_i 是核算报告期内第 i 种化石燃料的平均低位发热量，对于固体或液体燃料，单位为百万千焦/吨（GJ/t），对于气体燃料，单位为百万千焦/万立方米（GJ/10^4Nm³）
		FC_i 是核算报告期内用作燃料的第 i 种化石燃料消费量，对于固体或液体燃料，单位为吨（t），对于气体燃料，单位为万立方米（10^4Nm³）

（续上表）

化石燃料燃烧产生的 CO_2 排放量	解释说明	
$E_{燃烧-CO_2} = \sum AD_i \times EF_i$	$EF_i = CC_i \times OF_i \times 44/12$ EF_i 为第 i 种化石燃料的二氧化碳排放因子，单位为吨二氧化碳/百万千焦（tCO_2/GJ）	CC_i 为第 i 种化石燃料的单位热值含碳量，单位为吨碳/百万千焦（tC/GJ）
		OF_i 为第 i 种化石燃料的碳氧化率，单位为%
		44/12 为二氧化碳与碳的分子量之比

2. 活动水平数据获取

在核算化石燃料燃烧产生的 CO_2 排放量时，燃烧活动的活动水平数据应该包括企业核算期内各种活动中不同化石燃料净消耗量及平均低位发热量。其中，不同化石燃料净消耗量基于企业自身能源统计获得；化石燃料平均低位发热量可采用本书提供的缺省值，排放因子数据可采用本书提供的单位热值含碳量和碳氧化率缺省值（详见附表1）。具备条件的企业可开展实测或委托有资质的专业机构进行检测。

（二）工业生产过程

1. 原材料生产过程

（1）水泥生产过程。

水泥生产过程的 CO_2 排放来自水泥熟料的生产过程。熟料是水泥生产的中间产品，它由水泥生料经高温煅烧发生物理和化学变化后形成。水泥生料主要由石灰石及其他配料配制而成。在煅烧过程中，生料中的碳酸钙和碳酸镁会分解排放出 CO_2。具体计算公式详见表3－2。

（2）石灰生产过程。

石灰生产过程的 CO_2 排放来源于石灰石中的碳酸钙和碳酸镁的热分

解。石灰生产过程产生的 CO_2 排放量的具体计算公式详见表 3-2。

表 3-2 工业生产过程的 CO_2 排放量计算公式

工业生产过程的 CO_2 排放量	解释说明
水泥: $E_{水泥-CO_2} = AD \times EF$	AD: 扣除电石渣生产的熟料产量后的水泥熟料产量, 单位为吨
	EF: 水泥生产过程平均排放因子, 单位为吨 CO_2/吨熟料, 若无实测排放因子, 建议取 0.538
石灰: $E_{石灰-CO_2} = AD \times EF$	AD: 石灰产量, 单位为吨
	EF: 石灰平均排放因子, 单位为吨 CO_2/吨石灰, 若无实测排放因子, 建议取 0.683
钢铁: $E_{钢铁-CO_2} = AD_1 \times EF_1 + AD_d \times EF_d + (AD_r \times F_r - Ad_s \times F_s) \times 44/12$	AD_1: 钢铁企业消费的作为熔剂的石灰石数量, 单位为吨
	EF_1: 作为熔剂的石灰石消耗的排放因子, 单位为吨 CO_2/吨石灰石, 可取 0.430
	AD_d: 钢铁企业消费的作为熔剂的白云石数量, 单位为吨
	EF_d: 作为熔剂的白云石消耗的排放因子, 单位为吨 CO_2/吨白云石, 可取 0.474
	AD_r: 炼钢用生铁的数量, 单位为吨
	F_r: 炼钢用生铁的平均含碳率, 单位为%, 可取 4.1
	Ad_s: 炼钢的钢材产量, 单位为吨
	F_s: 炼钢的钢材产品的平均含碳率, 单位为%, 可取 0.248

数据来源: 水泥排放因子、石灰石排放因子、白云石排放因子、生铁的平均含碳率、钢材产品的平均含碳率引自《广东省市县 (区) 级温室气体清单编制指南 (试行)》。

（3）钢铁生产过程。

钢铁生产过程的 CO_2 排放主要有两个来源：炼铁熔剂高温分解和炼钢降碳。石灰石和白云石等熔剂中的碳酸钙和碳酸镁在高温下会发生分解反应，并排放出 CO_2。炼钢降碳是指在高温下用氧化剂把生铁里过多的碳和其他杂质氧化成 CO_2 排放出去或形成炉渣除去。估算钢铁生产过程 CO_2 排放量的具体计算公式详见表3-2。

2. **活动水平数据获取**

企业可使用两种类型的数据计算工业生产过程的碳排放：一手数据和二手数据。一手数据包括与企业价值链上的具体活动相关的供应商或其他价值链合作方提供的数据，这些数据可能以原始活动数据的形式提供，也可能以供应商计算的具体活动排放数据的形式提供。二手数据包括行业平均数据（如来自已公开的数据库、政府统计、文献研究和行业协会）、财务数据、替代数据和其他通用数据。在某些情况下，企业可能会使用价值链中某个活动的具体数据来估计价值链中另一活动的排放。这种类型的数据（替代数据）被认为是二手数据，因其并不是所计算的活动排放的特定数据。一般来说，企业宜为优先性较高的活动收集高质量的一手数据。若以上数据都无法获得，水泥的排放因子可取1（来源：CDIAC），钢铁的排放因子可取1.22（来源：GHG）。

（三）森林碳汇

1. **竹林、经济林、灌木林生长产生的碳汇**

竹林、经济林、灌木林通常在最初几年生长迅速，并很快进入稳定阶段，生物量变化较小。因此主要根据竹林、经济林、灌木林面积变化和单位面积生物量来估算生物的碳储量变化，具体计算公式详见表3-3。

表 3 - 3 森林碳汇的计算公式

森林碳汇	解释说明
$\Delta C_{竹/经/灌} = \Delta A_{竹/经/灌} \times B_{散/四/疏} \times d$	$\Delta C_{竹/经/灌}$：竹林（或经济林、灌木林）产生的碳汇，单位为吨碳
	$\Delta A_{竹/经/灌}$：竹林（或经济林、灌木林）年变化面积，单位为公顷
	$B_{散/四/疏}$：竹林（或经济林、灌木林）平均单位面积生物量，单位为吨干物质
	d：含碳率，是指森林植物单位质量干物质中的碳含量，因种类、起源、年龄、立地条件和器官而异。考虑到在将蓄积量转化为生物量的计算过程中，使用的是市县（区）的活立木总蓄积量、各类森林的加权平均参数，因此本书在选择使用含碳率进行计算时，不再考虑树种、器官、林龄等的差异，均采用《广东省市县（区）级温室气体清单编制指南（试行)》的推荐值0.5

2. 活动水平数据获取

森林面积测量方法有地面调查、遥感结合地面调查两种。地面调查方法有：每亩实测法、标准地法、抽样调查法、目测法。航天、航空遥感图像结合地面调查方法的优点是可大量减少繁重的户外作业，只需在地面进行少量测量，然后将采集的数据通过数学模型进行计算，便可得到所需的森林面积。该方法可充分应用原有森林资源信息管理系统的各种数据，且易于成图。能充分发挥遥感技术优点的抽样调查法有分层抽样、双重回归估测、多阶抽样、数量化估测等。以遥感为核心的高新技术发展及其应用，有利于构建天空地一体化、国家和地方一盘棋的森林资源监测评价体系，形成对森林资源全过程、全覆盖、全要素监测的评价系统，实现森林资源从定期调查向过程监测的转变。特别是激光雷达、合成孔径雷达等定量遥感技术，以及高光谱、无人机等精细观测技术的应用，将改变数据采集以野外调查为主的传统模式。竹林、经济林、灌木林平均单位面积生物量的统计详见附表2。

(四) 土地利用方式变化

土地利用方式变化既包括温室气体的排放（如森林采伐或毁林排放的 CO_2），也包括温室气体的吸收（如森林生长时吸收的 CO_2）。在清单编制年份里，如果因森林采伐或毁林而损失的生物量超过因森林生长而增加的生物量，则表现为碳排放源，反之则表现为产生碳汇。

1. 森林和其他木质生物质生物量碳储量变化

森林和其他木质生物质生物量碳储量变化包括：乔木林（林分）生长生物量碳吸收，散生木、四旁树、疏林生长生物量碳吸收；竹林、经济林、灌木林生物量碳储量变化；活立木消耗碳排放。具体计算公式详见表3-4。

表3-4　土地利用方式改变产生的 CO_2 排放量计算公式

土地利用方式改变产生的 CO_2 排放量	解释说明
森林生长生物量碳吸收：$\Delta C = V_i \times GR \times (SVD_i) \times (BEF_i) \times 0.5$	i：森林优势树种（组）；$i = 1, 2, 3, \cdots, n$
	V_i：森林第 i 种树种（组）蓄积量，单位为立方米
	GR：活立木蓄积量年生长率，单位为%
	SVD_i：森林第 i 种树种（组）的基本木材密度，单位为吨/立方米
	(SVD_i)：森林 SVD 加权平均值
	BEF_i：第 i 种树种（组）的生物量转换系数，即全林生物量与树干生物量的比值（无量纲）
	(BEF_i)：森林 BEF 加权平均值
	0.5：生物量含碳率；含碳率是指森林植物单位质量干物质中的碳含量，采用《广东省市县（区）级温室气体清单编制指南（试行）》推荐值0.5

（续上表）

土地利用方式改变产生的CO_2排放量	解释说明
活立木消耗碳排放：$\Delta C_{消耗} = \Delta C_{采伐消耗} + \Delta C_{枯损消耗} - 森林转化碳排放$	$\Delta C_{消耗}$：活立木消耗造成的碳排放，单位为吨CO_2量（tCO_2）
	$\Delta C_{采伐消耗}$：采伐消耗造成的碳排放，单位为吨CO_2量（tCO_2）
	$\Delta C_{枯损消耗}$：枯损消耗造成的碳排放，单位为吨CO_2量（tCO_2）
	森林转化碳排放：森林转化温室气体排放计算中重复计算的蓄积量消耗排放，单位为吨CO_2量（tCO_2）

2. 森林转化温室气体排放

森林转化是指将现有森林转化为其他土地利用方式，相当于毁林。在毁林过程中，被破坏的森林生物量一部分通过现地或异地燃烧排放到大气中，另一部分（如燃烧剩余物）通过缓慢的分解过程（数年至数十年）释放到大气中。有一小部分（5%~10%）燃烧后转化为木炭，分解缓慢，约需100年甚至更长时间。本研究主要估算"有林地"（包括乔木林、竹林、经济林）转化为"非林地"（如农地、牧地、城市用地、道路等）过程中由于地上生物质的燃烧和分解引起的CO_2排放。

（1）森林转化燃烧引起的碳排放。

森林转化燃烧，包括现地燃烧（发生在林地上的燃烧，如炼山等）和异地燃烧（被移至林地外进行的燃烧，如薪柴等）。

现地燃烧CO_2排放 = 年转化面积 × （转化前单位面积地上生物量 - 转化后单位面积地上生物量）×现地燃烧生物量比例×现地燃烧生物量氧化系数×地上生物量碳含量

异地燃烧CO_2排放 = 年转化面积 × （转化前单位面积地上生物量 -

105

转化后单位面积地上生物量）×异地燃烧生物量比例×异地燃烧生物量氧化系数×地上生物量碳含量

（2）森林转化分解引起的碳排放。

森林转化分解引起的碳排放，主要考虑燃烧剩余物的缓慢分解造成的CO_2排放。由于分解排放是一个缓慢的过程，因此在具体估算时，采用10年平均年转化面积进行计算，而不是采用清单编制年份的年转化面积。

分解碳排放＝年转化面积（10年平均）×（转化前单位面积地上生物量－转化后单位面积地上生物量）×被分解部分的比例×地上生物量碳含量

（3）活动水平数据与确定方法。

本部分的主要活动水平数据包括：乔木林、竹林、经济林转化为非林地的面积。实际清单编制年份的年转化面积，可以用5年平均值来代替。而在估算分解排放时，需要用到10年平均年转化面积。

转化前单位面积地上生物量首先通过乔木林总蓄积量（$V_乔$）和总面积（$A_乔$），获得乔木林单位面积蓄积量，然后运用平均的基本木材密度（SVD）和地上生物量转换系数（$BEF_{地上}$），计算乔木林转化前单位面积地上生物量（$B_{地上}$）：

$$B_{地上}=V_乔/A_乔×SVD×BEF_{地上}$$

转化后单位面积地上生物量尽可能采用当地的排放因子，若无法获取，则可采用《省级温室气体清单编制指南（试行）》的推荐值：0。

现地/异地燃烧生物量比例尽可能采用当地的排放因子，若无法获取，则可采用《省级温室气体清单编制指南（试行）》的推荐值：现地燃烧生物量比例约为地上生物量的40%，用于异地燃烧的比例约为10%。

现地/异地燃烧生物量氧化系数尽可能采用当地的排放因子，若无法获取，则可采用《省级温室气体清单编制指南（试行）》的推荐值：0.9。

被分解的地上生物量比例 =1 - 收获的木材生物量比例 - 现地燃烧的生物量比例 - 异地燃烧的生物量比例

（五）废弃物处置

1. 废弃物产生的 CO_2

废弃物处理领域的重要源包括固体和液体废弃物在可控的焚化设施中焚烧产生的 CO_2 排放。焚烧的废弃物类型包括城市固体废弃物、危险废弃物、医疗废弃物和污水污泥，我国统计数据中的危险废弃物包括了医疗废弃物。无能源回收的废弃物焚化产生的排放须报告废弃物部门，而有能源回收的废弃物燃烧产生的排放须报告能源部门，二者都要区分化石和生物成因的 CO_2 排放。只有废弃物中的矿物碳（如塑料、某些纺织物、橡胶、液体溶剂和废油等）在焚化期间氧化过程中产生的 CO_2 排放，才被视为净排放，应当纳入清单总量。废弃物中所含的生物质材料（如纸张、食品和木材废弃物等）燃烧产生的 CO_2 排放，是生物成因的排放，不应纳入清单总量。估算废弃物焚化和露天燃烧产生的 CO_2 排放量的具体计算公式详见表3-5。

表3-5　处理废弃物产生的 CO_2 排放量计算公式

处理废弃物产生的 CO_2 排放量	解释说明
$E_{废弃物-CO_2} = \sum_i (IW_i \times CCW_i \times FCF_i \times EF_i \times 44/12)$	i：分别表示固体废弃物、危险废弃物、污泥
	IW_i：第 i 种类型废弃物的焚烧量，单位为吨/年
	CCW_i：第 i 种类型废弃物中的碳含量比例，单位为%
	FCF_i：第 i 种类型废弃物中矿物碳在碳总量中的比例，单位为%
	EF_i：第 i 种类型废弃物焚烧炉的焚烧效率，单位为%

2. 活动水平数据的获取

估算废弃物焚烧处理产生的 CO_2 排放量所需要的活动水平数据包括固体废弃物、危险废弃物、污泥等各类废弃物的焚烧量。另外，废弃物焚烧产生的 CO_2 排放清单估算所需的排放因子，企业如无相关实测数据，可采用附表 3 的推荐值。

（六）尾气净化过程

1. 尾气净化过程碳排放量的计算方法

企业应根据净化剂类型及工作原理，确定其在尾气净化过程中产生的 CO_2 排放量。根据本次调研结果，客运业务中所有运输车辆均使用尿素作为尾气净化剂，与尿素选择性催化还原器（SCR）在运输车辆中的使用有关的 CO_2 排放量的具体计算公式详见表 3-6。

表 3-6 尾气净化过程产生的 CO_2 排放量计算公式

尾气净化过程产生的 CO_2 排放量	解释说明
$E_{过程-CO_2} = M \times 12/60 \times P \times 44/12 \times 10^{-3}$	M 为核算报告期内使用催化转化器消耗的尿素添加剂的质量，单位为千克（kg）
	P 为尿素添加剂中尿素的质量比例，单位为%

2. 活动水平数据的获取

以企业统计的安装尿素选择性催化还原器系统的运输车辆的情况为准。

（七）外购电力隐含的排放

1. 外购电力隐含排放的计算方法

购入电力隐含的 CO_2 排放量的具体计算公式详见表 3-7。

表 3 – 7　外购电力产生的 CO_2 排放量计算公式

外购电力产生的 CO_2 排放量	解释说明
$E_{电力-CO_2} = \sum AD_{电力i} \times EF_{电力i}$	i 为区域电网
	$AD_{电力}$ 为核算报告期内从第 i 个区域电网净购入电量，单位为兆瓦时（MWh）
	$EF_{电力i}$ 为第 i 个区域电网供电平均 CO_2 排放因子，单位为吨 CO_2/兆瓦时（tCO_2/MWh）

2. 净购入电力活动水平数据的获取

企业购入的电力消费量，以企业和电网公司结算的电表读数、企业能源消费台账或统计报表为准。

电力排放因子应根据企业购电所属电网及目前的东北、华北、华东、华中、西北、南方电网划分，选用国家主管部门公布的最近年份相应区域电网 CO_2 排放因子平均值进行计算，详见附表4。

四、具体业务的碳排放核算

广东省交通集团有限公司（以下简称"广东交通集团"）有三大业务板块：一是高速公路和道路基础设施投融资、建设和经营管理；二是出行服务和物流，其中包括客运业务、货运业务和服务区商业化经营；三是与交通设施相关的土地等配套资源综合开发经营和相关服务。本书构建了广东交通集团重点业务的碳排放核算框架，即高速公路建设阶段、高速公路运营阶段、出行客运服务业务的碳排放核算框架。

（一）高速公路建设阶段的碳排放核算框架

1. 核算边界

高速公路建设阶段碳排放核算边界包括直接排放（各种化石燃料燃

烧活动产生的排放），购入电力隐含的间接排放以及其他间接排放（如土地利用方式改变产生的排放、工业生产过程产生的排放、废弃物处理产生的排放等）。

2. 业务边界

高速公路建设阶段业务边界主要包括勘察设计和施工建设两大部分，高速公路建设阶段 CO_2 排放总量为勘察设计阶段和施工建设阶段 CO_2 排放总量之和，具体计算公式详见表 3-8。

表 3-8　高速公路建设阶段 CO_2 核算边界计算公式

高速公路建设阶段 CO_2 核算边界	解释说明
$E_{CO_2} = E_1 + E_2$	E_1 为勘察设计产生的 CO_2 排放量，单位为吨 CO_2 量（tCO_2）
	E_2 为施工建设产生的 CO_2 排放量，单位为吨 CO_2 量（tCO_2）

高速公路建设阶段业务边界如图 3-1 所示：

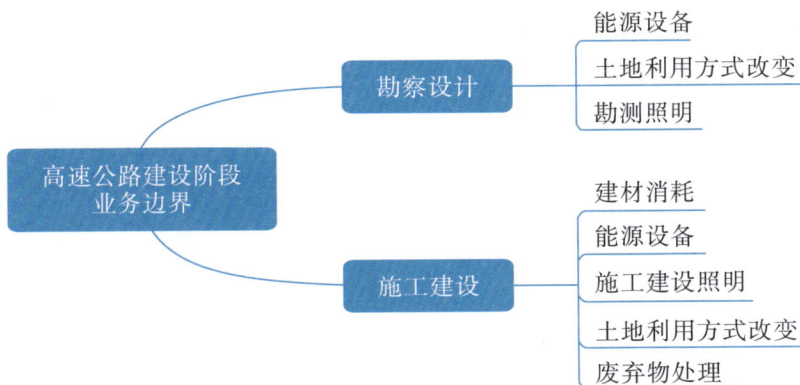

图 3-1　高速公路建设阶段业务边界

3. 排放源

（1）勘察设计。

勘察设计碳排放源包括：能源设备消耗柴油、汽油等能源燃料；土地利用方式改变（如林地转换为其他土地、其他土地转换为林地等）；户外勘测照明消耗的电力。

（2）施工建设。

施工建设碳排放源包括：建材消耗使用的碎石、砂子、水泥、沥青、混凝土、石灰土、钢筋、涂料、润滑剂、其他建材和辅助材料等；能源设备消耗的柴油、汽油等能源燃料；施工建设照明消耗的电力；土地利用方式改变（如林地转换为其他土地、其他土地转换为林地等）；处理废弃物产生的消耗。

4．核算指标

（1）勘察设计。

勘察设计阶段核算指标包括：勘察设计阶段净消耗的各种化石燃料燃烧活动产生的 CO_2 排放量、勘察设计阶段企业购入电力隐含的 CO_2 排放量以及勘察设计阶段土地利用方式改变产生的 CO_2 排放量。勘察设计阶段 CO_2 排放总量为上述三项之和，具体计算公式详见表 3 - 9。

表 3 - 9　勘察设计阶段 CO_2 排放总量计算公式

勘察设计阶段 CO_2 排放总量	解释说明
$E_1 = E_{燃烧-CO_2} + E_{电力-CO_2} - E_{土地-CO_2}$	$E_{燃烧-CO_2}$ 为勘察设计阶段净消耗的各种化石燃料燃烧活动产生的 CO_2 排放量，单位为吨 CO_2 量（tCO_2）
	$E_{电力-CO_2}$ 为勘察设计阶段企业购入电力隐含的 CO_2 排放量，单位为吨 CO_2 量（tCO_2）
	$E_{土地-CO_2}$ 为勘察设计阶段土地利用方式改变产生的 CO_2 变化，既包括 CO_2 的排放（如森林采伐或毁林排放的 CO_2），也包括 CO_2 的吸收（如森林生长时吸收的 CO_2），单位为吨 CO_2 量（tCO_2）

（2）施工建设。

施工建设阶段核算指标包括：施工建设阶段净消耗的各种化石燃料燃烧活动产生的 CO_2 排放量、施工建设阶段工业生产中能源活动产生的 CO_2 排放之外的其他化学反应过程或物理变化过程产生的 CO_2 排放量以及施工建设阶段废弃物处理导致的 CO_2 排放量（包括固体废弃物、危险废弃物、污泥等焚烧处理产生的 CO_2 排放量）。施工建设阶段 CO_2 排放总量为上述三项之和，具体计算公式详见表 3 – 10。

表 3 – 10　施工建设阶段 CO_2 排放总量计算公式

施工建设阶段 CO_2 排放总量	解释说明
$E_2 = E_{燃烧-CO_2} + E_{工业-CO_2} +$ $E_{废弃物-CO_2} + E_{电力-CO_2}$	$E_{燃烧-CO_2}$ 为施工建设阶段净消耗的各种化石燃料燃烧活动产生的 CO_2 排放量，单位为吨 CO_2 量（tCO_2）
	$E_{工业-CO_2}$ 为施工建设阶段工业生产中能源活动 CO_2 排放之外的其他化学反应过程或物理变化过程产生的 CO_2 排放量，单位为吨 CO_2 量（tCO_2）
	$E_{废弃物-CO_2}$ 为施工建设阶段废弃物处理导致的 CO_2 排放，包括固体废弃物、危险废弃物、污泥等焚烧处理产生的 CO_2 排放，单位为吨 CO_2 量（tCO_2）。废弃物焚烧处理产生的 CO_2 排放只需核算化石碳（如塑料、橡胶等）焚化和露天燃烧导致的排放。废弃物的能源利用（废弃物直接作为燃料发电，或转化为燃料使用）产生的 CO_2 排放，应当在能源部分中估算并报告
	$E_{电力-CO_2}$ 为施工建设阶段企业购入电力隐含的 CO_2 排放量，单位为吨 CO_2 量（tCO_2）

（二）高速公路运营阶段的碳排放核算框架

1. 核算边界

高速公路运营阶段碳排放核算边界包括直接排放（各种化石燃料燃烧活动产生的排放），购入电力隐含的间接排放以及其他间接排放（如森林碳汇带来的负排放、土地利用方式改变产生的排放、工业生产过程产生的排放、废弃物处理产生的排放等）。

2. 业务边界

高速公路运营阶段业务边界主要包括路面设施、收费站、服务区、路面养护和管理中心五大部分，高速公路运营阶段 CO_2 排放总量为上述五项 CO_2 排放量之和，具体计算公式详见表3-11。

表3-11　高速公路运营阶段 CO_2 核算边界计算公式

高速公路运营阶段 CO_2 核算边界	解释说明
$E_{CO_2} = E_1 + E_2 + E_3 + E_4 + E_5$	E_1 为路面设施产生的 CO_2 排放量，单位为吨 CO_2 量（tCO_2）
	E_2 为收费站产生的 CO_2 排放量，单位为吨 CO_2 量（tCO_2）
	E_3 为服务区产生的 CO_2 排放量，单位为吨 CO_2 量（tCO_2）
	E_4 为路面养护产生的 CO_2 排放量，单位为吨 CO_2 量（tCO_2）
	E_5 为管理中心产生的 CO_2 排放量，单位为吨 CO_2 量（tCO_2）

高速公路运营阶段业务边界如图 3 - 2 所示：

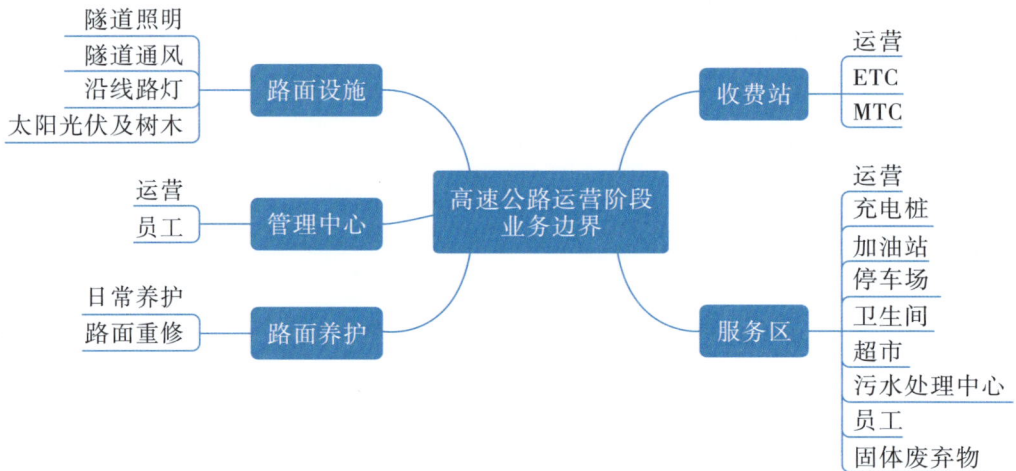

图 3 - 2　高速公路运营阶段业务边界

3．排放源识别

（1）路面设施的碳排放源。

路面设施的碳排放源主要包括：隧道照明用电（包括使用燃料和外购电力）、隧道通风用电（包括使用燃料和外购电力）、沿线路灯照明用电（包括使用燃料和外购电力）。

（2）收费站的碳排放源。

收费站的碳排放源主要包括：使用 ETC 和 MTC 导致汽车比正常匀速行驶增加的油耗量产生的排放，以及收费站运营用电（包括使用燃料和外购电力）。

（3）服务区的碳排放源。

服务区的碳排放源主要包括：污水处理用电（包括使用燃料和外购电力）、加油站用电（包括使用燃料和外购电力）、充电桩用电[①]（包括使用燃料和外购电力）、服务区运营用电（包括使用燃料和外购电力）、员工生活区用电（包括使用燃料和外购电力）、员工生活区用气、固体废弃物处置[②]、超市用电（包括使用燃料和外购电力）、卫生间用电（包括

[①]　只含企业内部系统以及自有车辆用电，不含提供给外部的用电。

[②]　只含企业内部处置废弃物，如外包则不含在内。

使用燃料和外购电力）、停车场用电（包括使用燃料和外购电力）。

（4）路面养护的碳排放源。

路面养护的碳排放源主要分为两大部分：一是日常养护产生的碳排放，如清扫车、洒水车以及工具车消耗的能源；二是路面重修产生的碳排放，如大型机械设备消耗的能源，水泥、钢筋的工业生产的排放以及旧建筑材料处理产生的排放。

（5）管理中心的碳排放源。

管理中心的碳排放源包括管理中心运营用电以及员工生活区用电和用气。

（6）高速公路运营的负排放源。

路面设施沿线和管理中心周围种植树木会吸收 CO_2，从而产生碳汇；同时，在路面设施沿线以及收费站、停车场铺设太阳光伏可以节约电量使用，从而达到减排效果。

4. 核算指标

（1）路面设施。

路面设施核算指标包括：路面设施净消耗的各种化石燃料燃烧活动产生的 CO_2 排放量、路面设施相关企业购入电力隐含的 CO_2 排放量以及路面设施沿线树木生长时吸收的 CO_2 的负排放。路面设施 CO_2 排放总量为前两项之和减去第三项，具体计算公式详见表 3-12。

表 3-12　路面设施 CO_2 排放总量计算公式

路面设施 CO_2 排放总量	解释说明
$E_1 = E_{1燃烧-CO_2} + E_{1电力-CO_2} - C_{1森林-CO_2}$	$E_{1燃烧-CO_2}$ 为路面设施净消耗的各种化石燃料燃烧活动产生的 CO_2 排放量，单位为吨 CO_2 量（tCO_2）
	$E_{1电力-CO_2}$ 为路面设施相关企业购入电力隐含的 CO_2 排放量，单位为吨 CO_2 量（tCO_2）
	$C_{1森林-CO_2}$ 为路面设施沿线树木生长时吸收的 CO_2，单位为吨 CO_2 量（tCO_2）

（2）收费站。

收费站核算指标包括：收费站净消耗的各种化石燃料燃烧活动产生的 CO_2 排放量和收费站购入电力隐含的 CO_2 排放量。收费站 CO_2 排放总量为上述两项之和，具体计算公式详见表 3-13。

表 3-13　收费站 CO_2 排放总量计算公式

收费站 CO_2 排放总量	解释说明
$E_2 = E_{2燃烧-CO_2} + E_{2电力-CO_2}$	$E_{2燃烧-CO_2}$ 为收费站净消耗的各种化石燃料燃烧活动产生的 CO_2 排放量，单位为吨 CO_2 量（tCO_2）
	$E_{2电力-CO_2}$ 为收费站购入电力隐含的 CO_2 排放量，单位为吨 CO_2 量（tCO_2）

（3）服务区。

服务区核算指标包括：服务区净消耗的各种化石燃料燃烧活动产生的 CO_2 排放量、服务区废弃物处理导致的 CO_2 排放量（包括固体废弃物、危险废弃物、污泥等焚烧处理产生的 CO_2 排放量）以及服务区购入电力隐含的 CO_2 排放量。服务区 CO_2 排放总量为上述三项之和，具体计算公式详见表 3-14。

表 3-14　服务区 CO_2 排放总量计算公式

服务区 CO_2 排放总量	解释说明
$E_3 = E_{3燃烧-CO_2} + E_{3废弃物-CO_2} + E_{3电力-CO_2}$	$E_{3燃烧-CO_2}$ 为服务区净消耗的各种化石燃料燃烧活动产生的 CO_2 排放量，单位为吨 CO_2 量（tCO_2）

（续上表）

服务区 CO_2 排放总量	解释说明
$E_3 = E_{3燃烧-CO_2} +$ $E_{3废弃物-CO_2} + E_{3电力-CO_2}$	$E_{3废弃物-CO_2}$ 为服务区废弃物处理导致的 CO_2 排放量，包括固体废弃物、危险废弃物、污泥等焚烧处理产生的 CO_2 排放，单位为吨 CO_2 量（tCO_2）。废弃物焚烧处理产生的 CO_2 排放只需核算化石碳（如塑料、橡胶等）焚化和露天燃烧导致的排放。废弃物的能源利用（废弃物直接作为燃料发电，或转化为燃料使用）产生的 CO_2 排放，应当在能源部分中估算并报告
	$E_{3电力-CO_2}$ 为服务区购入电力隐含的 CO_2 排放量，单位为吨 CO_2 量（tCO_2）

（4）路面养护。

路面养护核算指标包括：路面养护净消耗的各种化石燃料燃烧活动产生的 CO_2 排放量、路面养护工业生产中能源活动 CO_2 排放之外的其他化学反应过程或物理变化过程产生的 CO_2 排放量、路面养护废弃物处理导致的 CO_2 排放量（包括固体废弃物、危险废弃物、污泥等焚烧处理产生的 CO_2 排放量）以及路面养护相关企业购入电力隐含的 CO_2 排放量。路面养护 CO_2 排放总量为上述四项之和，具体计算公式详见表 3-15。

表 3-15 路面养护 CO_2 排放总量计算公式

路面养护 CO_2 排放总量	解释说明
$E_4 = E_{4燃烧-CO_2} + E_{4工业-CO_2} +$ $E_{4废弃物-CO_2} + E_{4电力-CO_2}$	$E_{4燃烧-CO_2}$ 为路面养护净消耗的各种化石燃料燃烧活动产生的 CO_2 排放量，单位为吨 CO_2 量（tCO_2）

（续上表）

路面养护 CO_2 排放总量	解释说明
$E_4 = E_{4燃烧-CO_2} + E_{4工业-CO_2} + E_{4废弃物-CO_2} + E_{4电力-CO_2}$	$E_{4工业-CO_2}$ 为路面养护工业生产中能源活动 CO_2 排放之外的其他化学反应过程或物理变化过程产生的 CO_2 排放量，单位为吨 CO_2 量（tCO_2）
	$E_{4废弃物-CO_2}$ 为路面养护废弃物处理导致的 CO_2 排放，包括固体废弃物、危险废弃物、污泥等焚烧处理产生的 CO_2 排放，单位为吨 CO_2 量（tCO_2）。废弃物焚烧处理产生的 CO_2 排放只需核算化石碳（如塑料、橡胶等）焚化和露天燃烧导致的排放。废弃物的能源利用（废弃物直接作为燃料发电，或转化为燃料使用）产生的 CO_2 排放，应当在能源部分中估算并报告
	$E_{4电力-CO_2}$ 为路面养护企业购入电力隐含的 CO_2 排放量，单位为吨 CO_2 量（tCO_2）

（5）管理中心。

管理中心核算指标包括：管理中心净消耗的各种化石燃料燃烧活动产生的 CO_2 排放量和管理中心购入电力隐含的 CO_2 排放量。管理中心 CO_2 排放总量为上述两项之和，具体计算公式详见表 3 - 16。

表 3 - 16　管理中心 CO_2 排放总量计算公式

管理中心 CO_2 排放总量	解释说明
$E_5 = E_{5燃烧-CO_2} + E_{5电力-CO_2}$	$E_{5燃烧-CO_2}$ 为管理中心净消耗的各种化石燃料燃烧活动产生的 CO_2 排放量，单位为吨 CO_2 量（tCO_2）
	$E_{5电力-CO_2}$ 为管理中心购入电力隐含的 CO_2 排放量，单位为吨 CO_2 量（tCO_2）

（三）出行客运服务业务的碳排放核算框架

1. 核算边界

本书采用目前我国主流的观点，即核算出行客运服务业务碳排放量应包括业务活动产生的直接排放和间接排放。其中，直接排放是指汽油、柴油、天然气等化石燃料在各种移动源设备（包括自有及租赁的交通工具）中与氧气充分燃烧产生的 CO_2 排放；间接排放是指交通工具消耗的净购入电力（如电动汽车充电消耗的电力等）产生的隐含的间接排放以及其他间接排放（如尾气净化过程的间接排放等）。

出行客运服务业务产生的 CO_2 排放（E_{CO_2}）为直接排放和间接排放之和，具体计算公式详见表 3 – 17。

表 3 – 17　出行客运服务业务 CO_2 核算边界计算公式

出行客运服务业务 CO_2 排放总量	解释说明
$E_{CO_2} = E_{直-CO_2} + E_{间-CO_2}$	$E_{直-CO_2}$ 表示化石燃料燃烧产生的 CO_2 直接排放，单位为吨 CO_2 量（tCO_2）
	$E_{间-CO_2}$ 表示使用净购入电力产生的 CO_2 间接排放及尾气净化过程产生的 CO_2 间接排放，单位为吨 CO_2 量（tCO_2）

2. 排放源

《中国陆上交通运输企业温室气体排放核算方法与报告指南（试行）》（以下简称《指南》）中明确指出，对于公路旅客运输企业、道路货物运输企业和城市客运企业，企业主体应该核算其全部运输车辆的运营系统以及直接为运输车辆运营服务的辅助系统。

企业出行客运服务业务中涉及的排放源可以分为两大类：一是移动排放源，即客运业务中的移动运输车辆，移动排放源消耗的能源类型主要包括汽油、柴油、压缩天然气（CNG）、液化天然气（LNG）和电能等；二是固定排放源，即直接为移动运输车辆运营服务的辅助系统，如出行客运服务业务中的客运站场、候车厅，固定排放源消耗的能源类型以电能和热能为主。表 3-18 具体列示了出行客运服务业务的 CO_2 排放源。出行客运服务业务产生的 CO_2 总排放等于固定排放源产生的排放与移动排放源产生的排放之和。

表 3-18　出行客运服务业务 CO_2 排放源一览表

排放源	主要能耗设备	消耗能源类型
移动排放源	移动运输车辆（以化石燃料为动力，如汽油车、柴油车等；以电能为动力，如纯电动车、混合动力电动汽车等）	如汽油、柴油、压缩天然气、液化天然气、电能等
固定排放源	辅助系统（主要指客运站场、候车厅等）	如电能、热能、天然气、煤等

特别要注意的是，本书在计算辅助系统的 CO_2 排放时只考虑核算主体同时具有所有权和经营权的业务，不考虑实际经营权不归属核算主体的相关业务。

3. **核算指标**

（1）移动排放源。

出行客运服务业务中移动排放源 CO_2 排放总量（$E_{移动}$）等于核算范围内所有化石燃料燃烧排放量、尾气净化过程排放量以及净消耗电力的排放量之和，具体计算公式详见表 3-19。

表 3-19　出行客运服务业务移动排放源 CO_2 排放总量计算公式

移动排放源 CO_2 排放总量	解释说明
$E_{移动} = E_{燃烧-CO_2} + E_{过程-CO_2} + E_{电力-CO_2}$	$E_{燃烧-CO_2}$ 为企业移动排放源消耗的各种化石燃料燃烧活动产生的排放量，单位为吨 CO_2 量（tCO_2）

（续上表）

移动排放源 CO_2 排放总量	解释说明
$E_{移动} = E_{燃烧 - CO_2} +$ $E_{过程 - CO_2} + E_{电力 - CO_2}$	$E_{过程 - CO_2}$ 为企业运输车辆在尾气净化过程中由于使用尿素等还原剂产生的排放量，单位为吨 CO_2 量（tCO_2）
	$E_{电力 - CO_2}$ 为企业移动排放源消耗的净购入电力隐含的排放量，单位为吨 CO_2 量（tCO_2）

（2）固定排放源。

出行客运服务业务中固定排放源 CO_2 排放总量（$E_{固定}$）等于核算范围内所有化石燃料燃烧排放量、净消耗电力的排放量以及消耗热力的排放量之和，具体计算公式详见表 3 - 20。

表 3 - 20 出行客运服务业务固定排放源 CO_2 排放总量计算公式

固定排放源 CO_2 排放总量	解释说明
$E_{固定} = E_{燃烧 - CO_2} +$ $E_{电力 - CO_2} + E_{热力 - CO_2}$	$E_{燃烧 - CO_2}$ 为企业固定排放源消耗的各种化石燃料燃烧活动产生的排放量，单位为吨 CO_2 量（tCO_2）
	$E_{电力 - CO_2}$ 为企业固定排放源消耗的购入电力隐含的排放量，单位为吨 CO_2 量（tCO_2）
	$E_{热力 - CO_2}$ 为企业固定排放源消耗的购入热力隐含的排放量，单位为吨 CO_2 量（tCO_2）

第三节　广东交通集团碳排放核算实例

交通运输行业是我国能源消耗快速增长的行业之一，在能源形势严峻、环境压力加大的情况下，发展低碳交通是我国低碳经济发展的必由之路，也是实现"双碳"目标的重要前提。

广东交通集团作为广东省交通运输行业的主要组成部分，其主要业务为高速公路建设业务、高速公路运营业务以及出行客运服务业务。由于高速公路在建设期间的能源消耗数据收集存在一定困难，且目前对于建设期间碳排放的归属主体和分配方法尚未形成统一认识，因此本书选择高速公路运营业务和出行客运服务业务作为碳排放核算实例。

针对高速公路运营业务，因惠清高速公路自建设以来已获得多项殊荣，包括交通运输部授予的"第二批绿色公路建设典型示范工程""科技示范工程""品质工程攻关行动'两区三厂'施工安全标准化试点"，广东省交通运输厅授予的"交通科技示范工程"，广东省林业厅授予的"高速公路生态景观林带"等，它也是广东交通集团内具有代表性的公路，故本书选择惠清高速公路作为广东交通集团运营业务碳排放核算实例。

另外，随着居民生活水平的不断提升，人们对出行客运服务的要求和依赖程度在不断提高。作为广东交通集团三大主业之一的出行客运服务业务，属于交通业中 CO_2 排放的重点领域。核算出行客运服务业务的 CO_2 排放，加速出行客运服务业务的低碳化管理，形成绿色出行体系，是当前现实背景下重要且紧迫的工作。因此，基于现实意义和广东交通集团业务的实际情况，本书选择出行客运服务业务作为碳排放核算实例。

一、高速公路运营业务的碳排放核算

高速公路运营业务是广东交通集团三大主业之一，同时也是高速公路全生命周期碳排放的重要组成部分。随着"双碳"政策的进一步落实，核算高速公路运营业务碳排放可以为企业节能减排政策的制定提供依据。

（一）碳排放核算方法及说明

高速公路运营维护阶段的 CO_2 排放总量等于化石燃料燃烧排放量、工业生产排放量、废弃物处理排放量、购入电力隐含的排放量之和减去树木产生的碳汇，具体计算公式详见表 3-21。

化石燃料燃烧排放量、工业生产排放量、废弃物处理排放量、购入电力隐含排放量以及树木产生的碳汇，具体计算过程详见"第一节　碳排放核算基础方法"，此处不再赘述。

表 3-21　高速公路运营维护阶段 CO_2 排放总量计算公式

高速公路运营维护阶段 CO_2 排放总量	解释说明
$E_{CO_2} = E_{燃烧-CO_2} +$ $E_{工业-CO_2} + E_{废弃物-CO_2} +$ $E_{电力-CO_2} - C_{树木-CO_2}$	$E_{燃烧-CO_2}$ 为运营维护阶段净消耗的各种化石燃料燃烧活动产生的 CO_2 排放量，单位为吨 CO_2 量（tCO_2）
	$E_{工业-CO_2}$ 为运营维护阶段工业生产中能源活动温室气体排放之外的其他化学反应过程或物理变化过程产生的 CO_2 排放量，单位为吨 CO_2 量（tCO_2）

（续上表）

高速公路运营维护阶段 CO_2 排放总量	解释说明
$E_{CO_2} = E_{燃烧-CO_2} +$ $E_{工业-CO_2} + E_{废弃物-CO_2} +$ $E_{电力-CO_2} - C_{树木-CO_2}$	$E_{废弃物-CO_2}$ 为运营维护阶段废弃物处理导致的 CO_2 排放，包括城市固体废弃物、危险废弃物、污泥等焚烧处理产生的 CO_2 排放，单位为吨 CO_2 量（tCO_2）。废弃物焚烧处理产生的 CO_2 排放只需核算化石碳（如塑料、橡胶等）焚化和露天燃烧导致的排放。废弃物的能源利用（废弃物直接作为燃料发电，或转化为燃料使用）产生的 CO_2 排放，应当在能源部分中估算并报告
	$E_{电力-CO_2}$ 为运营维护阶段企业净购入电力隐含的 CO_2 排放量，单位为吨 CO_2 量（tCO_2）
	$C_{树木-CO_2}$ 为运营维护阶段树木生长时吸收的 CO_2，单位为吨 CO_2 量（tCO_2）

（二）碳排放核算结果

1. 路面设施 CO_2 排放量

2021 年 1 月 1 日至 2021 年 12 月 31 日期间惠清高速公路路面设施能耗情况如表 3–22 所示，据此作为活动水平数据，以核算 2021 年度惠清高速公路路面设施 CO_2 排放量。

表 3–22 惠清高速公路路面设施能耗数据

排放设备（单元）	排放类型	能源类型（物料）	数据	单位
隧道照明及通风用电	柴油发电机	柴油	23 103.09	升
	外购电力	电力	9 747 210	千瓦时
沿线路灯用电	柴油发电机	柴油	0	升
	外购电力	电力	0	千瓦时

（续上表）

排放设备（单元）	排放类型	能源类型（物料）	数据	单位
太阳光伏使用	路面沿线	—	0	平方米
种植树木	竹林	—	0	株
	经济林	—	0	株
	灌木林	—	538 221	株

注：①沿线路灯用电纳入隧道照明用电。②绿化植草 2 298 542 平方米、乔木 45 514 株、灌木 538 221 株、藤本营养钵苗 27 930 株，绿化面积按 2 298 000 平方米计算。③1 升汽油 = 0.000 725 吨，1 升柴油 = 0.000 85 吨，故柴油消耗量为：23 103.09 ×0.000 85 = 19.637 626 5 吨。

根据广东惠清高速公路有限公司提供的数据，参考《2006 年 IPCC 国家温室气体清单指南》中柴油的低位发热量和碳氧化率，计算得到路面设施化石燃料燃烧 CO_2 排放量为 61.76 吨（具体计算过程详见附表 5）。由于广东惠清高速公路有限公司外购电力均来自南方电网，故选取南方区域电网的排放因子 0.527 1 作为基准，计算惠清高速公路路面设施外购电力隐含的 CO_2 排放量，惠清高速公路路面设施外购电力 CO_2 排放量为 5 137.75 吨（具体计算过程详见附表 6）；参考王迪生和张毅的相关文献[①]，收集各类绿色空间乔木植被的碳汇因子，植物的碳汇因子均以乔木类的 0.07 来计算，惠清高速公路路面设施沿线树木产生的碳汇为 16.09 吨（具体计算过程详见附表 7）。

根据公式 $E_1 = E_{1燃烧-CO_2} + E_{1电力-CO_2} - C_{1森林-CO_2}$，惠清高速公路路面设施产生的 CO_2 总排放量为 5 183.42 吨。

2. 收费站 CO_2 排放量

2021 年 1 月 1 日至 2021 年 12 月 31 日期间惠清高速公路收费站的能

---

① 王迪生. 基于生物量计测的北京城区园林绿地净碳储量研究［D］. 北京：北京林业大学，2010；张毅. 高速公路绿化设计要求及实施［J］. 科技信息，2009（27）：699，721.

耗情况如表 3 – 23 所示，据此作为活动水平数据，以核算 2021 年度惠清高速公路收费站 CO_2 排放量。

表 3 – 23　惠清高速公路收费站车流量与能耗数据

排放设备（单元）	排放类型	能源类型（车辆类型）	数据	单位
ETC 收费系统	汽车通行排放	大客车	88 666	辆
		小客车	5 385 767	辆
		货车	1 134 648	辆
MTC 收费系统		大客车	28 792	辆
		小客车	3 282 007	辆
		货车	917 282	辆
收费站运营用电	柴油发电机	柴油	9 289	升
	外购电力	电力	3 341 106.6	千瓦时

注：1 升汽油 = 0.000 725 吨；1 升柴油 = 0.000 85 吨。

根据联合电服提供的资料：小客车通过收费站 MTC 车道的平均速度约为 16 km/h（限速 5 km/h），油耗约为 0.176 L/km；货车通过收费站 MTC 车道的平均速度约为 8 km/h，油耗约为 1.183 L/km。小客车通过收费站 ETC 车道的平均速度约为 32 km/h（限速 20 km/h），油耗约为 0.14 L/km。收费站长度估算为 1 km。

参考肖鹤等关于 ETC 与 MTC 的研究可知，大客车的百公里油耗和怠速油耗是小客车的两倍左右，故大客车通过 MTC 车道的油耗约为 0.352 L/km，大客车通过 ETC 车道的油耗约为 0.28 L/km。[1]

参考翟娜相关文献可知，货车使用 ETC 通过收费站可减少通行时间，

[1] 肖鹤，解建光，余健晖，等. ETC 系统碳减排模型研究［J］. 中国交通信息化，2015（S1）：36 – 39.

收费站采用计重收费动态称重系统可在实时动态计重收费状态下实现不停车收费。[①] 此原理也适用于小客车，通过数据监测，采用类比法，小客车通过 ETC 车道比通过 MTC 车道的油耗减少 20.45%，故货车通过 ETC 车道的油耗约为 0.941 L/km。

车辆通过 MTC 车道和 ETC 车道的油耗如表 3 – 24 所示：

表 3 – 24　车辆通过 MTC 车道和 ETC 车道油耗情况

车道	类型	通行量/辆	平均油耗量/L	总油耗量/L
MTC	大客车	88 666	0.352	31 210.43
	小客车	5 385 767	0.176	947 894.99
	货车	1 134 648	1.183	1 342 288.58
ETC	大客车	28 792	0.28	8 061.76
	小客车	3 282 007	0.14	459 480.98
	货车	917 282	0.941	863 162.36

注：1 升汽油 = 0.000 725 吨；1 升柴油 = 0.000 85 吨。

据本次调研，小客车消耗能源类型主要为汽油，大客车和货车消耗能源类型主要为柴油，汽油消耗量为 1 020.35 吨，柴油消耗量为 1 915.91 吨。

根据广东惠清高速公路有限公司提供的数据，参考《2006 年 IPCC 国家温室气体清单指南》中柴油的低位发热量和碳氧化率，惠清高速公路收费站化石燃料燃烧产生的 CO_2 排放量为 9 130.23 吨（具体计算过程详见附表 8）；广东惠清高速公路有限公司外购电力均来自南方电网，选取南方区域电网的排放因子 0.527 1 作为基准，计算惠清高速公路收费站外购电力隐含的 CO_2 排放量，故收费站外购电力 CO_2 排放量为 1 761.1 吨（具体计算过程详见附表 9）。

---

① 翟娜. 货车电子不停车计重收费系统研究与设计［J］. 交通世界，2019（Z1）：258 – 259.

根据公式 $E_2 = E_{2燃烧-CO_2} + E_{2电力-CO_2}$，惠清高速公路收费站产生的 CO_2 总排放量为 10 891.33 吨。

3. 服务区 CO_2 排放量

2021 年 1 月 1 日至 2021 年 12 月 31 日期间惠清高速公路服务区（惠清高速公路路段包含清远服务区和汤塘服务区两个服务区）的能耗情况如表 3 – 25 和表 3 – 26 所示，据此作为活动水平数据，以核算 2021 年度惠清高速公路服务区的 CO_2 排放量。

表 3 – 25　惠清高速公路服务区的能耗数据（清远服务区）

排放设备（单元）	排放类型	能源类型（物料）	数据	单位
污水处理用电	柴油发电机	柴油	0.03	吨
	外购电力	电力	70 618	千瓦时
加油站用电	柴油发电机	柴油	0.27	吨
	外购电力	电力	205 375	千瓦时
充电桩用电	柴油发电机	柴油	0	吨
	外购电力	电力	0	千瓦时
服务区运营用电	柴油发电机	柴油	0	吨
	外购电力	电力	258 066	千瓦时
员工生活区用电	柴油发电机	柴油	0	吨
	外购电力	电力	78 900	千瓦时
员工生活区用气	—	天然气	0	立方米
固体废弃物处置	废弃物燃烧	固体废弃垃圾	0	吨
		危险废弃物	0	吨
		污泥	0	吨

（续上表）

排放设备（单元）	排放类型	能源类型（物料）	数据	单位
超市用电	柴油发电机	柴油	0	吨
	外购电力	电力	178 201	千瓦时
卫生间用电	柴油发电机	柴油	0.04	吨
	外购电力	电力	38 929	千瓦时
停车场用电	柴油发电机	柴油	0	吨
	外购电力	电力	570 921	千瓦时
太阳光伏使用	服务区棚顶	—	0	平方米

注：表中充电桩用电仅核算其运营用电，提供给车辆使用的电量不计算在服务区内。①

表3-26　惠清高速公路服务区的能耗数据（汤塘服务区）

排放设备（单元）	排放类型	能源类型（物料）	数据	单位
污水处理用电	柴油发电机	柴油	0	吨
	外购电力	电力	0	千瓦时
加油站用电	柴油发电机	柴油	0	吨
	外购电力	电力	246 960	千瓦时
充电桩用电	柴油发电机	柴油	0	吨
	外购电力	电力	0	千瓦时

① 由于没有明确文献讨论充电桩提供给车辆的电量归属问题，但是考虑最终使用对象为车辆，故此处不计算在服务区内。

129

（续上表）

排放设备（单元）	排放类型	能源类型（物料）	数据	单位
服务区运营用电	柴油发电机	柴油	0	吨
	外购电力	电力	987 700	千瓦时
员工生活区用电	柴油发电机	柴油	0	吨
	外购电力	电力	62 560	千瓦时
员工生活区用气	—	天然气	0	立方米
固体废弃物处置	废弃物燃烧	固体废弃垃圾	0	吨
		危险废弃物	0	吨
		污泥	0	吨
超市用电	柴油发电机	柴油	0	吨
	外购电力	电力	70 320	千瓦时
卫生间用电	柴油发电机	柴油	0	吨
	外购电力	电力	33 432	千瓦时
停车场用电	柴油发电机	柴油	0	吨
	外购电力	电力	570 921	千瓦时
太阳光伏使用	服务区棚顶	—	0	平方米

注：表中充电桩用电仅核算其运营用电，提供给车辆使用的电量不计算在服务区内。[①]

根据广东惠清高速公路有限公司提供的数据，参考《2006 年 IPCC 国家温室气体清单指南》中汽油、柴油的低位发热量和碳氧化率，计算

————————

① 由于没有明确文献讨论充电桩提供给车辆的电量归属问题，但是考虑最终使用对象为车辆，故此处不计算在服务区内。

得到服务区化石燃料燃烧产生的 CO_2 排放量为 1.07 吨（具体计算过程详见附表 10）；废弃物焚烧处理排放因子及来源详见附表 3，污泥的矿物碳在碳总量中的百分比由于是生物成因，故取 0。另外，由于惠清高速公路服务区的废弃物处理外包给其他企业，未能获得数据，处理废弃物的排放按 0 计算，故服务区废弃物的碳排放量为 0 吨（具体计算过程详见附表 11）[①]；广东惠清高速公路有限公司外购电力均来自南方电网，选取南方区域电网的排放因子 0.527 1 作为基准，计算惠清高速公路服务区外购电力隐含的 CO_2 排放量，故服务区外购电力 CO_2 排放量为 1 476.92 吨（具体计算过程详见附表 12）。

根据公式 $E_3 = E_{3燃烧-CO_2} + E_{3废弃物-CO_2} + E_{3电力-CO_2}$，惠清高速公路服务区产生的 CO_2 总排放量为 1 477.99 吨。

4. 路面养护 CO_2 排放量

2021 年 1 月 1 日至 2021 年 12 月 31 日期间惠清高速公路路面养护能耗情况如表 3 - 27 所示，据此作为活动水平数据，以核算 2021 年度惠清高速公路路面养护 CO_2 排放量。

表 3 - 27　惠清高速公路路面养护能源消耗数据

排放设备（单元）	能源类型（物料）	使用量（排放量）	单位
洒水车	柴油	18.25	吨
	汽油	0	吨
	天然气	0	立方米
	液化石油气	0	立方米
	电能	0	千瓦时

---

① 服务区的废弃物是因为服务区的存在而产生的，故将处置服务区废弃物产生的碳排放归属于高速公路运营业务服务区产生的碳排放。

（续上表）

排放设备（单元）	能源类型（物料）	使用量（排放量）	单位
清扫车	柴油	21.9	吨
	汽油	0	吨
	天然气	0	立方米
	液化石油气	0	立方米
	电能	0	千瓦时
工具车	柴油	62.7	吨
	汽油	9.13	吨
	天然气	0	立方米
	液化石油气	0	立方米
	电能	0	千瓦时
大型设备	柴油	0	吨
	汽油	0	吨
	天然气	0	立方米
	液化石油气	0	立方米
	电能	0	千瓦时
材料	水泥	0	吨
	砂子	0	吨
	砾石	0	吨
	沥青	0	吨

（续上表）

排放设备（单元）	能源类型（物料）	使用量（排放量）	单位
材料	混凝土	0	吨
	石灰土	0	吨
	钢铁	0	吨
	润滑剂	0	千克
	涂料	0	千克
建筑施工垃圾	拆除旧材料	0	吨

根据广东惠清高速公路有限公司提供的数据，参考《2006 年 IPCC 国家温室气体清单指南》中汽油、柴油的低位发热量和碳氧化率，计算得到路面养护过程化石燃料燃烧产生的 CO_2 排放量为 351.26 吨（具体计算过程详见附表 13）。工业生产过程中，由于计算排放因子的原始数据难以获取，故本书钢铁排放因子取 GHG 公布的数据 1.22，水泥排放因子取 CDIAC 公布的数据 1；《2006 年 IPCC 国家温室气体清单指南》第三卷第 5.4 节指出，与沥青生产和使用有关的直接温室气体排放（如 CO_2、CH_4）可以忽略，因为在生产商业燃料的提炼过程中，大部分轻质碳氢化合物被提取；砾石、砂子等材料只涉及物理过程，不考虑 CO_2 排放，混凝土等材料搅拌混合过程中消耗的电能等应在能源消耗中计算。由于惠清高速公路没有大修，故该公路路面养护工业生产过程 CO_2 排放量为 0 吨（具体计算过程详见附表 14）。

根据公式 $E_4 = E_{4燃烧-CO_2} + E_{4工业-CO_2} + E_{4废弃物-CO_2} + E_{4电力-CO_2}$，惠清高速公路路面养护产生的 CO_2 总排放量为 351.26 吨。

5. 管理中心 CO_2 排放量

2021 年 1 月 1 日至 2021 年 12 月 31 日期间惠清高速公路管理中心能耗情况如表 3 - 28 所示，据此作为活动水平数据，以核算 2021 年度惠清高速公路管理中心的 CO_2 排放量。

表 3 – 28　惠清高速公路管理中心能耗数据

排放设备（单元）	排放类型	能源类型（物料）	数据	单位
管理中心运营用电	柴油发电机	柴油	870	升
	外购电力	电力	1 840 233.4	千瓦时
员工生活区用电	柴油发电机	柴油	130	升
	外购电力	电力	281 837	千瓦时
员工生活区用气	—	天然气	0	立方米
种植树木	竹林	—	0	公顷
	经济林	—	0	公顷
	灌木林	—	0	公顷

注：1 升汽油 = 0.000 725 吨，1 升柴油 = 0.000 85 吨，故柴油消耗量为（870 + 130）×0.000 85 = 0.85 吨。

根据广东惠清高速公路有限公司提供的数据，参考《2006 年 IPCC 国家温室气体清单指南》中柴油的低位发热量和碳氧化率，计算得到惠清高速公路管理中心化石燃料燃烧产生的 CO_2 排放量为 2.67 吨（具体计算过程详见附表15）。广东惠清高速公路有限公司外购电力均来自南方电网，因此选取南方区域电网的排放因子 0.527 1 作为基准，计算惠清高速公路管理中心购入电力隐含的 CO_2 排放量，故管理中心外购电力 CO_2 排放量为 1 118.54 吨（具体计算过程详见附表16）。

根据公式 $E_5 = E_{5燃烧-CO_2} + E_{5电力-CO_2}$，惠清高速公路管理中心产生的 CO_2 总排放量为 1 121.21 吨。

根据上述计算，惠清高速公路运营业务 CO_2 排放总量为 19 025.21 吨，其中：路面设施产生的 CO_2 排放量为 5 183.42 吨、收费站产生的 CO_2 排放量为 10 891.33 吨、服务区产生的 CO_2 排放量为 1 477.99 吨、路

面养护产生的 CO_2 排放量为 351.26 吨、管理中心产生的 CO_2 排放量为 1 121.21吨。

（三）核算结果分析

惠清高速公路路面设施 CO_2 排放量占惠清高速公路运营业务 CO_2 排放量的 27.25%；惠清高速公路收费站 CO_2 排放量占惠清高速公路运营业务 CO_2 排放量的 57.25%；惠清高速公路服务区 CO_2 排放量占惠清高速公路运营业务 CO_2 排放量的 7.77%；惠清高速公路路面养护 CO_2 排放量占惠清高速公路运营业务 CO_2 排放量的 1.84%；惠清高速公路管理中心 CO_2 排放量占惠清高速公路运营业务 CO_2 排放量的 5.89%（具体计算过程详见附表17）。

惠清高速公路运营业务中，外购电力产生的 CO_2 排放量占比超过 50%。从图 3-3 中可以发现，惠清高速公路路面设施外购电力 CO_2 排放量占惠清高速公路运营业务外购电力 CO_2 排放量的 54.11%。其后依次为：惠清高速公路收费站，占比 18.55%；惠清高速公路服务区，占比 15.56%；惠清高速公路管理中心，占比 11.78%。最后为惠清高速公路路面养护，占比为 0。

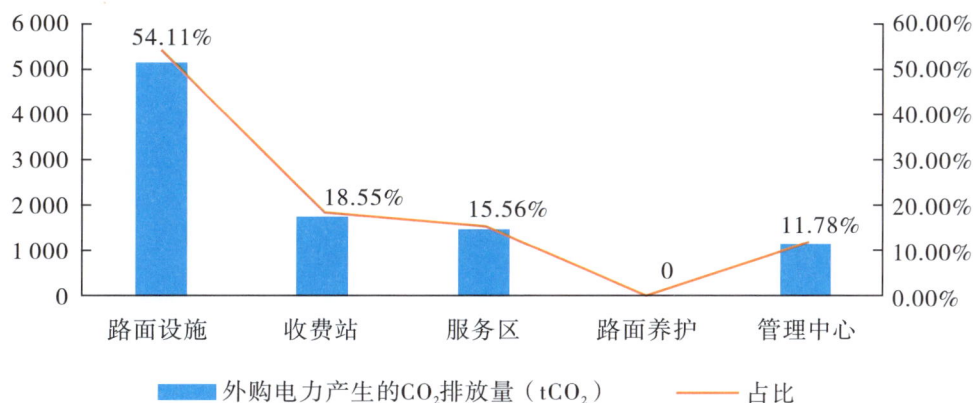

图 3-3　高速公路运营业务各部分外购电力 CO_2 排放量情况

（四）高速公路运营业务的碳减排建议

从附表17中可以发现，外购电力产生的 CO_2 排放量占比超过50%，同时，车辆使用ETC带来的减排效果明显。针对惠清高速公路运营业务的实际情况，本书提出以下碳减排建议：

1. 铺设太阳光伏

惠清高速公路全长125.28公里，是一条东西走向的公路；惠清高速公路地处广东省内，属于南方，日照充足，具有铺设太阳光伏的天然优势。因此，可以在惠清高速公路的边坡地段铺设太阳光伏，减少外购电力的使用。

据本次调研反馈，惠清高速公路沿线边坡可铺设太阳光伏的面积达70.86公顷。若采用标准小时法来估算铺设太阳光伏产生的电量，则具体估算过程如下：

广州年日照标准小时数取广东省人民政府网数据1 745.8 h；参考龚道仁等相关文献，光伏发电系统综合效率取均值80%[1]；太阳能电池板是由太阳能电池片串并联而成的，常用的电池片规格有：单晶125 mm×125 mm，功率2.5～2.8 W；多晶156 mm×156 mm，功率3.3～4.0 W。假设使用多晶156 mm×156 mm、功率3.5 W的电池片，可铺设29 117 358块（1公顷＝10 000 000 000平方毫米），光伏发电站系统安装容量101 910 749.5 Wp。

根据公式 $E_p = PHK$，$P = 101\,910\,749.5$，$H = 1\,745.8$，$K = 80\%$，故 $E_p = 142\,332\,629.2$ kWh，即光伏产生的电力为142 332 629.2 kWh，可以减少的 CO_2 排放量为74 254.93吨。由前文可知，惠清高速公路路面设施 CO_2 排放量为5 183.42吨。可见，铺设太阳光伏带来的减排量超过了惠清高速公路路面设施原本产生的 CO_2 排放量，故可通过在惠清高速公路沿线的合适边坡铺设太阳光伏来实现减排。从减排经济效益来看，按

---

[1] 龚道仁，陈迪，袁志钟. 光伏发电系统碳排放计算模型及应用 [J]. 可再生能源，2013，31 (9)：1-4，9.

2022 年 2 月 24 日广州碳排放权交易所的碳配额收盘价格 73.2 元/吨和全国碳排放权交易市场的碳配额收盘价格 58 元/吨来计算，使用太阳光伏产生的经济效益分别可达 5 435 460.87 元和 4 306 785.94元。

2. 外购绿电

广东惠清高速公路有限公司外购电力全部来自南方电网的火力发电。如今，绿电①有了专属的交易通道。新能源企业每发 1 千瓦时绿电，不仅具有电能价值，还具有环境价值。首批绿电交易价格较当地电力中长期交易价格溢价 0.03 ~ 0.05 元/千瓦时。虽然绿电交易价格较高，但是每千瓦时减少碳排放 0.527 1 千克，按 2022 年 2 月 24 日广州碳排放权交易所公布的碳配额收盘价格 73.2 元/吨和全国碳排放权交易市场的碳配额收盘价格 58 元/吨来计算，所减少的碳成本分别为 0.039 元和 0.031 元。可见，使用绿电带来的环境价值分别为 0.009 元/千瓦时和 0.001 元/千瓦时，故建议外购绿电以降低碳排放成本。

3. 全力推广 ETC 使用

根据广东惠清高速公路有限公司 2021 年的通车量，MTC - 大客车在 2021 年产生的 CO_2 排放量为 83.44 吨，ETC - 大客车在 2021 年产生的 CO_2 排放量为 21.55 吨，CO_2 排放量减少了 74.17%；MTC - 小客车在 2021 年产生的 CO_2 排放量为 2 090.91 吨，ETC - 小客车在 2021 年产生的 CO_2 排放量为 1 013.54 吨，CO_2 排放量减少了 51.53%；MTC - 货车在 2021 年产生的 CO_2 排放量为 3 588.41 吨，ETC - 货车在 2021 年产生的 CO_2 排放量为 2 307.54 吨，CO_2 排放量减少了 35.69%（具体计算过程详见附表18）。从整体来看，车辆通过 ETC 车道比通过 MTC 车道减少的 CO_2 排放量为 2 420.13 吨。2021 年惠清高速公路还在试运营阶段，通车量较少，估计今后通车量将同比增加 50%，可减少的 CO_2 排放量为 3 630.19吨，故广东惠清高速公路有限公司应大力推广 ETC 使用。

---

①　绿电指的是在生产电力的过程中 CO_2 排放量为 0 或趋近于 0，相较于其他方式（如火力发电）所生产之电力对环境的冲击较小。绿电的主要来源为太阳能、风力、生质能、地热等，中国主要以太阳能、风力为主。

4. 使用卫星技术收费

Silvana Revellino 在跟踪碳核算的微观过程中提及一种卫星监测技术——Telepass 技术。借助这种技术，车辆通过高速公路时无须减速，更不用停车，便可实现缴费，高速公路也无须建设收费站，还可实时监测路面状况，提高通行效率。[①] 假设广东惠清高速公路有限公司使用卫星技术收费，则收费站产生的 CO_2 排放量为 0 吨，可以减少10 891.33 吨，按 2022 年 2 月 24 日广州碳排放权交易所公布的碳配额收盘价格 73.2 元/吨和全国碳排放权交易市场的碳配额收盘价格 58 元/吨来计算，节约的碳成本分别约为 797 245.356 元和 631 697.14 元。虽然安装卫星技术现阶段无法估价，但是随着技术进步，安装卫星技术的成本会越来越低，当使用卫星技术收费节约的碳成本大于安装卫星技术的成本时，就可以通过安装卫星技术获得经济利益。

5. 开发森林碳汇

广东惠清高速公路有限公司在惠清高速公路沿线种植的树木面积为 229.8 万平方米，产生的碳汇约为 16.09 吨，按 2022 年 2 月 24 日广州碳排放权交易所的碳配额收盘价格 73.2 元/吨和全国碳排放权交易市场的碳配额收盘价格 58 元/吨来计算，节约的碳成本分别约为 1 177.79 元和 933.22 元，故广东惠清高速公路有限公司可以在合适地段（如管理中心、服务区等）种植树木，助力节能减排。

二、出行客运服务业务的碳排放核算

作为广东交通集团三大主业之一的出行客运服务业务是交通行业化石能源消耗和 CO_2 排放的重要领域，随着"双碳"政策的进一步落实，核算出行客运服务业务的 CO_2 排放量是完成出行客运服务业务低碳化转

---

① Silvana Revellino. Accounting for carbon emissions: simulating absence through experimental sites of material politics [J]. *Sustainability Accounting, Management and Policy Journal*, 2020, 11 (3).

型的基础。

（一）核算方法及说明

出行客运服务业务的 CO_2 排放总量（E_{GHG}）为核算范围内化石燃料燃烧产生的 CO_2 排放量、尾气净化过程产生的 CO_2 排放量以及外购电力隐含的 CO_2 排放量之和，具体计算公式详见表 3 – 29。

表 3 – 29　粤运交通出行客运服务业务的 CO_2 排放总量计算公式

固定排放源 CO_2 排放总量	解释说明
$E_{GHG} = E_{燃烧-CO_2} +$ $E_{过程-CO_2} + E_{电力-CO_2}$	$E_{燃烧-CO_2}$ 为出行客运服务业务消耗的化石燃料燃烧产生的 CO_2 排放量，单位为吨 CO_2 量（tCO_2）
	$E_{过程-CO_2}$ 为出行客运服务业务的运输车辆在尾气净化过程中由于使用尿素等还原剂产生的 CO_2 排放量，单位为吨 CO_2 量（tCO_2）
	$E_{电力-CO_2}$ 为出行客运服务业务企业外购电力隐含的 CO_2 排放量，单位为吨 CO_2 量（tCO_2）

1. 化石燃料燃烧

（1）基本计算公式。

化石燃料燃烧产生的 CO_2 排放量的具体核算方法在"第一节　碳排放核算基础方法"中已作详细说明，具体计算公式详见表 3 – 1。

（2）确定化石燃料净消耗量。

出行客运服务业务的化石燃料净消耗量应包括运营系统和辅助系统（本书中主要指客运站场）的消耗量。本书采用能耗统计法作为获取化石燃料净消耗量的基本方法，然后分别采用单位运输周转量能耗计算法和单位行驶里程能耗计算法作为辅助核算方法进行计算和核验，以保证运输车辆能耗数据的可靠性。若基本方法和辅助方法获得的运输车辆能耗数据相差 ±10% 以上，则需要重新进行统计核算。

①基本方法——能耗统计法。

这种方法是指在核算化石燃料消耗量时，通过能源消费统计来获取活动水平数据，据此计算化石燃料燃烧产生的 CO_2 排放量。在核算化石燃料消耗量时，应根据核算期内各种化石燃料的购入量、外销量以及库存变化量来确定各自的净消耗量。

具体来看，柴油车辆和柴电式混合动力车辆能耗应按柴油实物量统计；天然气车辆和气电式混合动力车辆能耗应按天然气实物量统计；纯电动车辆和无轨电车能耗应按电能实物量统计；柴电式插电混合动力车辆和柴油增程式电动车辆能耗应按柴油实物量和电能实物量统计；气电式插电混合动力车辆和天然气增程式电动车辆能耗应按天然气实物量和电能实物量统计；以乙醇汽油作为燃料的汽车应按汽油所占比例统计其中的汽油实物量。

②运输车辆能耗统计辅助方法 1——单位运输周转量能耗计算法。

《指南》中提到，道路货物运输企业和公路旅客运输企业的运输车辆能耗可以通过单位运输周转量能耗计算法进行计算和核验。同时，结合粤运交通的实际情况，城市公交、班车和农村客运业务的单位运输周转量数据容易获得，也较为可靠。因此，本书采用辅助方法 1——单位运输周转量能耗计算法计算并核验粤运交通城市公交、班车和农村客运业务运输车辆的能耗数据，具体计算公式详见表 3 – 30。

表 3 – 30　辅助方法 1——单位运输周转量能耗计算法化石燃料消耗量计算公式

化石燃料消耗量	解释说明
液体燃料： $$FC_i = \left(\sum ET_{客运ij} \times RK_{客运ij} \right) \times 10^{-3}$$	i 为燃烧的化石燃料类型
	j 为运输工具的产品型号
气体燃料： $$FC_i = \left(\sum ET_{客运ij} \times RK_{客运ij} \right) \times 10^{-4}$$	FC_i 是核算报告期内第 i 种化石燃料的消耗量。对液体燃料而言，单位为吨（t）；对气体燃料而言，单位为万立方米（10^{-4}Nm^3）

（续上表）

化石燃料消耗量	解释说明
液体燃料：$$FC_i = \left(\sum ET_{客运ij} \times RK_{客运ij} \right) \times 10^{-3}$$	$ET_{客运ij}$是核算报告期内第j个车型全部客运交通工具所完成的旅客周转量，单位为千人公里
气体燃料：$$FC_i = \left(\sum ET_{客运ij} \times RK_{客运ij} \right) \times 10^{-4}$$	$RK_{客运ij}$是第j个客运车型完成单位旅客周转量所消耗的第i种化石燃料消费量，单位为千克（立方米）／千人公里

③运输车辆能耗统计辅助方法2——单位行驶里程能耗计算法。

由于出租车和网约车的运行路线随机性和不确定性较大，其运输周转量相关数据统计难度较大，难以采用辅助方法1进行核算。对于这两项业务而言，单位行驶里程能耗数据更加准确。《指南》中也提到，出租汽车运输企业可通过单位行驶里程能耗计算法对运输车辆能耗进行计算和核验。因此，本书采用辅助方法2——单位行驶里程能耗计算法计算并核验出租车、网约车业务运输车辆的能耗数据，具体计算公式详见表3－31。

表3－31　辅助方法2——单位行驶里程能耗计算法化石燃料消耗量计算公式

化石燃料消耗量	解释说明
液体燃料：$$FC_i = \sum K_{ij} \times OC_{ij} \times C_i \times 10^{-5}$$ 气体燃料：$$FC_i = \sum K_{ij} \times OC_{ij} \times 10^{-6}$$	i为燃烧的化石燃料类型
	j为运输工具的产品型号
	FC_i是核算报告期内第i种化石燃料的消耗量。对液体燃料而言，单位为吨（t）；对气体燃料而言，单位为万立方米（$10^4 Nm^3$）
	K_{ij}是核算报告期内第j个车型全部运输工具的行驶里程，单位为公里（km）

（续上表）

化石燃料消耗量	解释说明
液体燃料： $$FC_i = \sum K_{ij} \times OC_{ij} \times C_i \times 10^{-5}$$ 气体燃料： $$FC_i = \sum K_{ij} \times OC_{ij} \times 10^{-6}$$	OC_{ij} 是第 j 个车型运输工具的百公里燃油（气）量，单位为升/百公里或立方米/百公里（L/100km；m^3/100km）
	C_i 是第 i 种化石燃料的密度

2. 尾气净化过程

在确定尾气净化过程产生的 CO_2 排放量时，可以根据净化剂类型及工作原理展开。粤运交通出行客运服务业务中所有的运输车辆均使用尿素作为尾气净化剂，与尿素选择性催化还原器在运输车辆中的使用有关的 CO_2 排放量的具体计算公式详见表 3 –6。

3. 外购电力

外购电力隐含的 CO_2 排放量的具体计算公式详见表 3 –7。

对于外购电力，本书采用辅助方法（分车型电力消耗计算法）对基本方法（电力消费统计法）获取的运输车辆电力消费数据进行核验，以保证运输车辆电力消费数据的可靠性。若基本方法和辅助方法获取的运输车辆电力消费数据相差 ±10% 以上，则需要重新进行统计核算。

由于粤运交通的出行客运服务业务不涉及外购热力，故本书不再介绍外购热力 CO_2 排放量的核算方法。

（二）碳排放核算结果

1. 化石燃料燃烧产生的 CO_2 排放量

（1）化石燃料消耗量的计算。

①基本方法——能耗统计法。

2020 年 1 月 1 日至 2020 年 12 月 31 日期间①粤运交通出行客运服务业务化石燃料消耗量具体如表 3 – 32 所示。

表 3 – 32　基于能耗统计法得到的运输车辆化石燃料消耗量

化石燃料品种	净消耗量
柴油	40 966 t
CNG（压缩天然气）	166 t（230 740 Nm³）
汽油	857 t
LNG（液化天然气）	4 472 t
总计	46 461 t

注：1 吨 CNG 是 1 390 立方米。

②运输车辆能耗统计辅助方法 1——单位运输周转量能耗计算法。

本书采用能耗统计辅助方法 1——单位运输周转量能耗计算法来辅助计算粤运交通的城市公交、班车和农村客运业务中运输车辆的化石燃料消耗量，具体计算过程详见附表 19 和附表 20。

③运输车辆能耗统计辅助方法 2——单位行驶里程能耗计算法。

本书采用能耗统计辅助方法 2——单位行驶里程能耗计算法来辅助计算粤运交通的网约车、出租车业务中运输车辆的化石燃料消耗量，具体计算过程详见附表 21。

在采用两种辅助方法计算粤运交通出行客运服务业务运输车辆的化石燃料消耗量后，再进一步将采用基本方法和辅助方法确定的化石燃料消耗量进行比较。采用基本方法计算得到的化石燃料消耗总量为 46 461 吨，而采用辅助方法计算得到的化石燃料消耗总量为46 454.27 吨，据此确定采用基本方法和辅助方法获取的化石燃料消耗量差异远小于 ±10%，具体计算过程详见附表 22。因此，采用基本方法确定的粤运交通出行客

①　因调研时企业尚未统计 2021 年相关数据，故选用 2020 年数据进行核算分析。

运服务业务运输车辆的化石燃料消耗量是可靠的,下面将会以采用基本方法确定的化石燃料消耗量为基准计算对应的 CO_2 排放量。

（2）化石燃料燃烧产生的 CO_2 排放量。

本书以采用基本方法——能耗统计法确定的粤运交通出行客运服务业务运输车辆的化石燃料消耗量为依据（详见表 3 - 32），计算得到粤运交通出行客运服务业务运输车辆消耗的化石燃料燃烧产生的 CO_2 排放量为142 348.23吨,具体计算过程详见附表 23。

另外,本书还对采用两种辅助方法计算得到的粤运交通各项业务中运输车辆（城市公交、定制班线、农村公交、网约车和出租车）的化石燃料消耗量对应的 CO_2 排放量进行了计算说明,以期更好地了解各项业务模式中运输车辆消耗的化石燃料燃烧产生的 CO_2 排放量。其中,粤运交通城市公交业务化石燃料燃烧产生的 CO_2 排放量为 20 173.11 吨,定制班线和农村公交业务化石燃料燃烧产生的 CO_2 排放量为 120 682.34 吨,网约车、出租车业务化石燃料燃烧产生的 CO_2 排放量为 1 470.915 吨。具体计算过程详见附表 24、附表 25 和附表 26。

2. 尾气净化过程产生的 CO_2 排放量

根据本次调研结果,粤运交通出行客运服务业务中运输车辆的尾气净化过程尿素使用量为 935 613 千克,其中尿素的纯度是 32.5%。因此我们可以计算得到出行客运服务业务中尾气净化过程 CO_2 排放量为 222.987 8 吨。

3. 外购电力隐含的 CO_2 排放量

采用基本方法——电力消费统计法确定的客运站和智能充电桩的电力消耗量如表 3 - 33 所示:

表 3 - 33 采用基本方法——电力消费统计法确定的客运站和智能充电桩耗电量

设施	电能/MWh
客运站（含候车厅）	93 711
智能充电桩	122 619

在表 3 – 33 中，智能充电桩耗电量特指粤运交通自身车辆的使用。为保证采用基本方法确定的粤运交通智能充电桩耗电量的可靠性，本书采用辅助方法——分车型电力消耗计算法来进行辅助计算，具体计算过程详见附表 27。

从表 3 – 33 中可知，采用基本方法统计的粤运交通运输车辆的电力消耗量为 122 619 MWh，而通过辅助方法得到的运输车辆的电力消耗量为 122 763.113 MWh（具体计算过程详见附表 27），两者间的差异远小于 ±10%，说明采用基本方法的统计结果是可靠的。因此我们将以采用基本方法——电力消费统计法确定的粤运交通出行客运服务业务的电力消费量为依据，计算粤运交通出行客运服务业务外购电力隐含的 CO_2 排放量。

根据本次调研结果，粤运交通出行客运服务业务的外购电力均来自南方电网。因此，本书选取南方区域电网的排放因子 0.527 1 作为基准，计算得到粤运交通外购电力隐含的 CO_2 排放量为 114 027.54 吨，其中，辅助系统（客运站）消耗净电力隐含的 CO_2 排放量为 49 395.07 吨，智能充电桩消耗净电力隐含的 CO_2 排放量为 64 632.47 吨，具体结果详见附表 28。

最后，由于粤运交通出行客运服务业务不涉及热力的消耗，故不考虑热力 CO_2 排放的情况。

4. 汇总计算企业温室气体排放总量

根据粤运交通提供的数据，参考《2006 年 IPCC 国家温室气体清单指南》中柴油的低位发热量和碳氧化率，计算得到粤运交通出行客运服务业务中各类化石燃料燃烧产生的 CO_2 排放量为 142 348.23 吨，出行客运服务业务中运输车辆在尾气净化过程中由于使用尿素等还原剂产生的 CO_2 排放量为 222.987 8 吨，出行客运服务业务中外购电力隐含的 CO_2 排放量为 114 027.54 吨，故粤运交通出行客运服务业务的 CO_2 排放总量为 256 598.76 吨。

(三)碳排放核算结果分析

本书分析了粤运交通出行客运服务业务三类排放活动产生的 CO_2 排放量在出行客运服务业务排放总量中的占比情况;此外,还分别采用全国单位碳配额价格和广州单位碳配额价格计算了三类排放活动对应的碳成本,并分析了碳成本对营业收入、营业成本和利润总额的影响,具体见表 3-34 和表 3-35。

从表 3-34 和表 3-35 中可以看出,化石燃料燃烧这一过程产生的 CO_2 排放量在出行客运服务业务 CO_2 排放总量中的占比超过 50%。具体来看:

在表 3-34 中,按 2022 年 2 月 24 日全国碳排放权交易市场的碳配额收盘价格 58 元/吨来计算,粤运交通出行客运服务业务产生的 CO_2 排放总量对应的碳成本约 1 488 万元,占 2020 年粤运交通利润总额的 6.2%。其中,化石燃料燃烧产生的 CO_2 排放量对应的碳成本超过了 800 万元,占利润总额的 3.5% 左右,占营业成本的 0.16% 左右。外购电力隐含的 CO_2 排放量占出行客运服务业务 CO_2 排放总量的 40% 左右,对应的碳成本也有 660 多万元。而尾气净化过程产生的 CO_2 排放量只占出行客运服务业务 CO_2 排放总量的 1% 左右,占比很小。

在表 3-35 中,按 2022 年 2 月 24 日广州碳排放权交易所的碳配额收盘价 73.2 元/吨来计算,粤运交通出行客运服务业务产生的 CO_2 排放总量对应的碳成本约 1 878 万元,占 2020 年粤运交通利润总额的 8% 左右,占营业成本的 0.4% 左右。其中,化石燃料燃烧产生的 CO_2 排放量对应的碳成本约 1 000 万元,在利润总额中占比超过 4%。外购电力隐含的 CO_2 排放量对应的碳成本超过 800 万元,占利润总额的 3.5% 左右。

表 3-34 粤运交通出行客运服务业务 CO_2 排放的碳成本分析

（碳配额价格：58 元/吨）

排放活动类型	CO_2排放量/tCO_2	占出行客运服务业务 CO_2 排放总量百分比	以全国单位碳配额价格计算得到的碳成本/元	碳成本占粤运交通 2020 年营业收入百分比	碳成本占粤运交通 2020 年营业成本百分比	碳成本占粤运交通 2020 年利润总额百分比
化石燃料燃烧排放	142 348.23	55.475 0%	8 256 197.34	0.147 8%	0.155 2%	3.460 3%
尾气净化过程排放	222.99	0.086 9%	12 933.42	0.000 2%	0.000 2%	0.005 4%
外购电力隐含排放	114 027.54	44.438 1%	6 613 597.32	0.118 4%	0.124 3%	2.771 9%
合计	256 598.76	100%	14 882 728.08	0.266 5%	0.279 8%	6.237 6%

注：①本表采用的是 2022 年 2 月 24 日全国碳排放权交易市场的碳配额价格。②营业收入、营业成本、利润总额均来自粤运交通 2020 年年度报告中的合并利润表。

表 3-35 粤运交通出行客运服务业务 CO_2 排放的碳成本分析

（碳配额价格：73.2 元/吨）

排放活动类型	CO_2排放量/tCO_2	占出行客运服务运业务 CO_2 排放总量百分比	以广州单位碳配额价格计算得到的碳成本/元	碳成本占粤运交通2020年营业收入百分比	碳成本占粤运交通2020年营业成本百分比	碳成本占粤运交通2020年利润总额百分比
化石燃料燃烧排放	142 348.23	55.475 0%	10 419 890.44	0.186 5%	0.195 3%	4.354 6%
尾气净化过程排放	222.99	0.086 9%	16 322.87	0.000 3%	0.000 3%	0.006 8%
外购电力隐含排放	114 027.54	44.438 1%	8 346 815.93	0.149 4%	0.156 9%	3.488 3%
合计	256 598.76	100%	18 783 029.24	0.336 3%	0.353 1%	7.872 3%

注：①本表采用的是 2022 年 2 月 24 日广州碳排放权交易所的碳配额价格。②营业收入、营业成本、利润总额均来自粤运交通 2020 年年度报告中的合并利润表。

可见，随着碳配额价格的上升，出行客运服务业务的碳排放成本会逐步增加，对交通集团的影响也会增大。

表 3 - 36　各类化石燃料燃烧产生的 CO_2 排放情况

燃料品种	消耗量	CO_2排放量/tCO_2	占 CO_2 排放总量百分比	单位消耗量产生的CO_2排放量/tCO_2
汽油	857 t	2 607.462 95	1.83%	3.042 547 2
柴油	40 966 t	128 843.088 1	90.51%	3.145 122 494
CNG（压缩天然气）	230 740 Nm³	498.903	0.35%	0.002 162 187
LNG（液化天然气）	4 472 t	10 398.772 24	7.31%	2.325 306 852
合计		142 348.23	100%	

在表 3 - 36 中，柴油燃烧产生的 CO_2 排放量在化石燃料燃烧产生的 CO_2 排放总量中占比高达 90% 以上，而压缩天然气燃烧产生的 CO_2 排放量在化石燃料燃烧产生的 CO_2 排放总量中占比不到 1%。另外，从化石燃料单位消耗量产生的 CO_2 排放量可以看出，柴油燃烧一单位所产生的 CO_2 排放量是最高的，而压缩天然气燃烧一单位所产生的 CO_2 排放量是最低的。

（四）出行客运服务业务的碳减排建议

出行客运服务业务的碳减排建议总体可以分为两个层面：一是技术与能源层面，二是运力与路线层面。

技术与能源层面，粤运交通可以通过使用碳减排技术，改善出行客运服务业务现有的能源消耗结构，减少 CO_2 排放。具体而言有以下几点：

（1）提升清洁燃料的比例，减少化石燃料的使用。

从上述对出行客运服务业务 CO_2 排放结果的分析中可以看出，化石

燃料燃烧产生的 CO_2 排放量占据了出行客运服务业务 CO_2 排放总量的 55% 以上。通过进一步分析可知,化石燃料中消耗一单位柴油或汽油产生的 CO_2 排放量远高于消耗一单位压缩天然气等清洁燃料产生的 CO_2 排放量。因此,要减少出行客运服务业务的 CO_2 排放量,可以先从进一步提升清洁燃料的使用比例入手,优化现有的汽车燃料消费结构。

(2)提高纯电动汽车的占比,加快淘汰高耗能老旧车辆。

纯电动汽车的碳减排潜力主要集中在电网清洁化等领域,与传统的汽油或者柴油车相比,它的碳减排潜力更大。随着能源电力的开发更加绿色化,电力的输送与使用更加智能化,电网清洁化的程度在不断加深,有助于减少纯电动汽车耗用电力产生的 CO_2 排放。因此,粤运交通可以通过加快淘汰高耗能老旧车辆,提高纯电动汽车等新能源汽车的占比,助力减碳目标实现。

(3)普及智能化技术,提高运输效率。

粤运交通可以进一步深化智能交通发展,研发、推广、应用以现代信息网络为基础的智能交通系统(ITS),提高公共交通的运输效率和便捷程度。通过加快交通信息化和智能交通系统的研发、推广、应用,可助其不断提升运输组织管理和服务水平,改善交通管理和交通出行条件。公共交通的智能化可以提升群众出行的舒适度,有利于增强群众使用公共交通的意愿,进而降低私人汽车出行的比例,系统性降低交通运输产生的 CO_2 排放量。

运力与路线层面,粤运交通可以从优化现有运输车辆、运输路线等方面入手降低出行客运服务业务产生的 CO_2 排放量。具体而言有以下几点:

(1)优化运力结构,提升单次运输能力。

高铁、地铁等新兴运输方式的出现对粤运交通传统的城市公交等业务产生了不小的冲击,导致客运车辆的运输效率降低,车辆的空驶里程增加,原有的大车型很难保持较高的实载率,单车的燃油消耗边际成本提高。有研究表明，车辆的实载率越高，燃油消耗量越低。[①] 因此，粤运交通可以通过"大车改小车"等方式进一步优化出行客运服务业务的运力结构，找到适合企业自身的运输效率区间，在提升企业经济效益的同时，能够降低燃油消耗，实现减碳目标。

（2）进一步优化客运路线，实现动态管理。

在优化客运路线方面，粤运交通可以通过加强交通信息系统的应用水平，尽力实现交通流动的实时动态管理，灵活调配运力，减少无效出行、空驶运行、重复运行、迂回运行等情况。此外，企业还可以通过提供多渠道、全方位、立体化的综合出行信息服务（如最新路网信息、交通条件、事件和预期的延误等），在帮助乘客优化出行路线的同时，促进自身优化客运路线，实现减少 CO_2 排放。

---

①　杨越，王屾. 货运车辆燃油消耗与运输效率关系研究［J］. 物流工程与管理，2014，36（8）：124 – 126.

第四部分

广东交通集团
低碳发展的
政策建议研究

第一节　"双碳"政策对广东交通集团的影响

一、广东交通集团概况

广东交通集团是在 2000 年广东省机构改革，实行党政机关与企业脱钩后，按照省委、省政府"粤办发〔2000〕9 号"文件精神组建的大型国有资产授权经营有限责任公司。2000 年 6 月 28 日挂牌成立，总部设在广州，注册资本 268 亿元。按照省政府 2017 年实施"省属高速公路板块企业重组改革方案"有关精神，集团对省级管辖的高速公路投资、建设、运营统一管理，构建"公路投资建设运营、出行服务及物流、智慧交通、施工和设计及监理、土地等配套资源开发"五大板块，建立集约化和扁平化的组织架构。目前，集团拥有全资和控股公司 17 家，其中上市公司 2 家〔粤高速（A＋B）、粤运交通（H）〕、驻港澳企业 4 家。截至 2022 年末，集团管理的资产总额约 7 400 亿元，资产规模和运营的高速公路里程位居全国省级交通行业前列，综合实力稳居广东企业 50 强和中国企业 500 强。具体业务介绍如下：

（一）高速公路和道路基础设施投融资、建设和经营管理

集团自成立以来，全力落实中央和省扩内需、保增长等决策部署，持续推进供给侧结构性改革，立足广东交通基础设施建设大局，积极投身粤港澳大湾区交通强国以及广东"一核一带一区"建设，有效发挥作为广东交通基础设施建设主力军的作用。"十三五"期间，累计完成高速公路项目投资 2 510 亿元，建成南沙大桥等 34 个省重点项目，新增高速公路通车里程 2 803 公里，为广东建设"交通强省"、加快实现粤港澳大湾区交通体系互联互通作出积极贡献。大力推进高速公路营运管理集约

化、专业化，持续提升交通出行保安全、保畅通能力，不断改善高速公路堵塞状况，优化人民群众交通出行环境。深入推进撤销省界收费站和深化收费公路制度改革，如期实现并入全国高速公路"一张网"联网收费。积极推进 5G 高速公路建设，提升智慧交通出行服务，让人民群众享有更多获得感、幸福感、安全感。

（二）出行服务和物流

公路客货运输及现代物流业务覆盖粤港澳地区，已形成规模化、网络化的运营体系，培育了"粤运快车""粤港""威盛""岐关""拱运"等在粤港澳地区具有影响力的汽车运输品牌。控股的广东粤运交通股份有限公司，主要提供汽车运输及配套服务、综合物流服务和高速公路相关服务，2005 年 10 月在香港联交所主板挂牌上市，是广东省道路运输及物流龙头企业，被智通财经、同花顺财经评为"2018 年金港股最具社会责任上市公司"和"2018 年金港股最具价值公共事业及基建股公司"，在 2020 年中国道路运输百强诚信企业中名列第二。

（三）与交通设施相关的土地等配套资源综合开发经营和相关服务

围绕交通强国建设试点和现代交通发展新技术、新领域，积极培育新产业、发展新业态，不断延伸产业链经营，在高速公路服务区经营、智慧交通、土地资源综合开发等业务上取得新突破，实现产业融合发展。大力推进交通科技研究与创新，创建高速公路全生命、全方位咨询品牌，集团"十三五"期间累计有 15 个项目获得"鲁班奖""詹天佑奖"等国家级荣誉，交通科技及应用水平保持全国领先水平。

二、广东交通集团低碳发展现状

广东交通集团围绕粤港澳大湾区、广东"1＋1＋9"发展战略和"一核一带一区"建设目标，主动融入广东绿色发展大局，积极打通阻碍区域发展的交通瓶颈，勇当"开路先锋"，推广节能环保，共建生态文明，勇担国有企业社会责任。

（一）绿色管理

1. 建立环境管理组织和制度体系

施工前，建设项目前期，成立环保、水保管理小组，委托专业咨询单位承担环境影响评价和水土保持方案编制工作，并依规报上级主管部门审批。

施工中，项目正式开工，加大对施工过程环境保护的监督检查力度，切实抓好环保、水保措施的落实工作，重点监测各个环保、水保敏感点，及时发现问题并整改，做到事前防范、事中控制、事后把关。

施工后，项目营运期，重视环保、水保工作，重点控制交通噪声、大气污染和水污染，建立完善的管理机构和体系。

2. 项目实施期制度制定

制定环境保护和水土保持管理方案、环境保护和水土保持实施细则、环境保护和水土保持奖惩细则等。水土保持设施实行三同时制度：同时设计、同时施工、同时投产使用。

项目施工合同强化环境保护和水土保持措施规定：空气污染预防、植被恢复、噪声管理、施工单位临时驻地环境管理。

3. 低碳发展具体措施

（1）环保预警及应急机制。

落实风险防范和应急措施，确保饮用水水源安全；禁止运输剧毒物质的车辆通行水源保护区；加强公路桥梁防撞护栏等级；在位于水源保护区的桥梁设置完全封闭的排水收集系统。

（2）环保培训与宣教。

集团利用各项目竣工前水土保持设施、应急预案评审、环境保护自主验收和固体废弃物验收，以及行业主管部门水保、环保督察等契机，协调各在建和拟验收项目人员前往观摩学习。

（3）节约水资源。

全面开展已营运通车的高速公路服务区污水设施改造工程，配备有效的污水处理系统，使服务区内污水经处理达标后排放。集团开展深入调研，明确排放标准，比选优质工艺，出台《高速公路服务区、生活区污水处理设计指引》，指导整治工作的开展。集团根据交通量的特点挑选有代表性的服务区（花城、阳西、官渡、谢岗服务区）进行试点，并总结成功的试点经验，对污水流量特点进行分类，改进相关设备工艺要求。该工作已全面推广实施，完成后将改善服务区周边环境，大幅度减少污水的产生。

引入一体化自动净水设备，将施工期废水经沉淀、过滤净化后统一排放，最大程度地减少施工期水系污染；同时，开展重要水源保护区路段综合排水方案比选与优化，通过设置独立封闭的排水管路系统，将水源保护区范围内路面污水统一汇集并经三级沉淀处理后，引排至保护区下游路段。

4. 能源升级转型

（1）提高能源使用效率。

各项目统筹资源利用，将临时施工便道与地方道路或改路相结合，采用"永临结合、路地共建"方式，助力地方"最美农村公路"建设。拌和站、预制梁场及项目驻地等临建设施与地方建设规划相结合，优先利用地方规划建设用地，减少新增临时占地数量，实现集约节约，在通道、土地资源利用等方面取得明显成效，同时大幅减少了临时用地、用林对当地生态的影响，全面落实绿色发展理念。

（2）使用清洁能源的政策、措施。

为推行节能环保技术应用，沥青拌和楼响应"油改气"倡议，对拌和楼燃料系统进行改造，统一使用天然气燃料，减少污染排放。同时，油改气可以加快工程进度，提高沥青砼的质量，清洁环保，安全可靠，节省成本。

5. 环保技术研发与应用

集团不断建立健全环保机制，将生态文明与绿色发展融入企业产业发展全过程，充分发挥企业科技研发、技术服务优势，大力推广绿色施工，推进产业升级。集团在多个项目中提倡使用清洁能源的政策、措施，减少废水排放的制度、措施或技术，减少废气排放的政策、措施或技术，减少废弃物排放的制度、措施或技术，发展循环经济政策、措施等，进一步做好绿色管理。

（二）绿色运营

1. 绿色办公绩效

集团办公区照明采用发光效率高、显色性好、使用寿命长、色温相宜、符合环保要求的光源，大幅度降低光源维护更换费用，降低能耗。大开间办公区、门厅、走廊、电梯厅等采用预定程序自动开闭，定时调节不同工作场景，对灯具进行分组控制，设计"人来灯亮、人走灯灭"感应控制功能，通过亮度传感器进行灯光亮度自动检测，无人工作时调整最低照明度。其中，大开间的区域根据自然光线强弱分区域进行照明控制，尽量利用自然光，以达到集中控制、方便节能、提高工效，降低运行成本。

2. 绿色办公措施

例如，办公区夏季空调温度不低于26℃，采用节能灯具照明且做到人走灯灭，办公区生活用水回收再利用，推广无纸化办公且打印纸双面使用，办公垃圾科学分类，推行视频会议以减少员工出行。

3. 减少公务出行

为提高工作效率，减少公务出行能源消耗，在充分利用现有设施和设备的基础上，以集团本部作为主核心节点，支持多点高清视频会议终端接入的整体框架，开展集团视频会议系统项目建设，实现集团本部与110家二、三级单位部署了视频会议会场，通过视频会议系统召开视频会议。

4. 保护生物多样性

集团采取就地保护或迁地保护方式，保护生物多样性。在工程建设中保护自然栖息地、湿地、森林、野生动物廊道、农业区等。在公路规划与设计中优先推荐对环境影响小、占地少、工程造价省的方案。尽量避绕生态敏感点，坚持"地形选线、地质选线、环境选线、规划选线、生态选线"原则。充分利用地形条件，最大限度地减少高填深挖，保护植被及野生动物，减少对自然、生态水资源环境的影响。尽量绕避不良地质，减少工程难点，方便施工，路线布设合理，利用有限的走廊带资源，保护生态环境及有限的耕地资源。

（三）绿色高速公路运营

1. 广东首条绿色低碳高速公路——广中江高速 2021 年 12 月全线通车

广中江高速总体呈"T"字形，全长约 67 公里，串联起广州、江门、中山、佛山四市，是我国首批绿色公路主题性试点项目，被誉为"广东绿色低碳高速第一路"。

广中江高速是交通运输部首批绿色低碳示范性项目之一，也是广东省首条通过验收的绿色低碳高速公路。项目大量采用温拌沥青，以预应力管桩替代传统的桥梁钻孔灌注桩，极大地减轻了对环境的破坏和污染。

项目节约土地近百公顷，能耗相当于节省标准煤 13 万多吨，减少二氧化碳排放 42 万多吨。第一、二、三、四期分别于 2016 年、2017 年、2020 年、2021 年通车。其中，控制性工程为广东省首例高速公路与电气化铁路共线建设、长 3 公里左右的公、铁两用桥。

广中江高速连接佛开、广佛江珠、广珠西等 10 条高速公路，开通后，从广州南沙驾车到江门市区可节省约 30 分钟车程。广中江高速将会成为粤港澳大湾区城市群互联互通的又一重要通道。

2. 全国首条应用减碳沥青铺设的高速公路——中江高速公路改扩建项目

新粤（广州）投资有限公司（以下简称"新粤公司"）基于绿色低碳沥青供应链转型塑造课题研究，以沥青产品全生命周期碳足迹为视角，组织产业链上下游相关合作伙伴共同为中江高速公路改扩建项目建立了一体化的综合减碳方案，包括抵消排放、减少排放和避免排放三大维度的综合措施。

围绕这三大维度，新粤公司所提供的创新型减碳沥青产品系列解决方案在原料生产、改性加工及仓储配送等环节综合采取了一系列减碳控排举措：一是在原料生产环节，采用碳补偿方式，通过碳汇交易完全抵消沥青原材料生产过程的碳排放当量；二是在改性加工环节，利用绿色电力作为生产能源，并在改性沥青生产过程中采用负碳生产材料，减少甚至避免生产过程的碳排放；三是在仓储配送环节，采用生物柴油作为动力能源，降低运输过程的碳排放。

图 4－1　全国首批次减碳沥青出厂

图 4－2　全国首批次减碳沥青摊铺现场

通过一体化的综合减碳方案，按照《Products Carbon Footprint 产品碳足迹》（ISO 14067）的计算方法，新粤公司实现了沥青改性加工及配送全产业链多维度减碳，每使用1 000吨减碳沥青解决方案的总体减碳量可达950吨二氧化碳当量，约合421辆小汽车1年的排放量或种植1 943棵树。

3. 紫惠项目

紫惠项目在绿色公路建设过程中，提出"打造融入自然山水的交通基础设施系统""推行环保节能高效的绿色施工建造技术""创建旅游型高速公路示范工程""推行安全智能建造与管控技术"四大主题、10个重点任务、41个实施子项，涵盖设计、施工、运营等全过程。

紫惠高速公路厚植绿色发展理念，坚持可持续发展、统筹协调、创新驱动、因地制宜。结合工程实际与沿线环境特点，以环境融合设计、环保绿色建造、清洁高效运营、便捷舒适服务为重点，打造具有地域特色的线性动态公路景观廊道、品质廊道。

图4-3 紫惠高速

图4-4　紫惠高速隧道运用"无极调光"技术

4. 惠清项目

惠清项目围绕绿色公路建设内容，重点突出生态引领、绿色隧道、绿色路面、永临结合、智慧管理五大亮点。作为交通运输部第二批绿色公路建设典型示范工程之一，惠清高速公路在前期工作中创造性地在设计及招标阶段前置提出标准化设计要求，制定了双标管理补充细则、质量管理强制性标准、路面精细化施工管理、安全生产强制性手册、HSE一体化管理、6S管理等9项先进管理体系文件，并将其载入合同条款，以合同形式进行法律约束、明确责权利，为绿色公路顺利建设奠定了坚实的基础。该项目围绕统筹资源与节约利用、低碳环保与生态保护、安全耐久与绿色施工、智慧创新与服务共享、标准规范与制度管理五大方面全面推进绿色公路建设。

图4-5 惠清高速飞来峡段

5. 深汕西改扩建项目

深汕西改扩建项目的水土保持设施严格按照"同时设计、同时施工、同时投产使用"三同时制度执行。2022年度按照相关法律法规规定,在施工期积极进行了环保监测和水保监测等工作,确保各项措施落实到位。

(四)绿色低碳产业发展

岐关新能源汽车科技(广东)有限公司作为珠海市新能源汽车充电服务的先锋军,是集建设、运营、研发、服务为一体的综合型新能源汽车充电服务运营商,创下了广东省内场站规模、充电速度、充电桩利用率、5G智能化应用、配套服务等多项领先纪录。

1. 岐关工业大厦(前山站)

2020年7月1日,岐关工业大厦(前山站)作为珠海市首家5G智能超级充电服务示范站正式投入营运。它是粤港澳大湾区首个设有24小时实时监控以及提供大客车司机专人充电服务的充电站,占地面积超1万平方米,可同时为60台大、中、小型新能源汽车提供充电服务,每天可满足上千辆次车辆的充电。

2．竹仙洞（南湾站）

2020 年 12 月 16 日，竹仙洞（南湾站）充电站投入使用。它作为粤港澳大湾区交通旅游综合服务保障中心核心配套设施，占地面积约 3 万平方米，停车位 500 多个，可同时为 56 台车辆提供充电服务。目前，其已与澳门信德国旅汽车客运股份有限公司等多家澳门企业签订了合作协议，注册车辆达 4 000 多辆，占珠澳充电市场份额 50% 以上。

（五）节约能源政策、措施

1．深汕西改扩建项目

该项目最大限度地控制资源占用、降低能源消耗、减少污染排放、保护生态环境，注重建设品质提升与运行效率提高，拓展旧路服务功能。

2．大潮项目

该项目根据沿线深厚的"客潮"文化底蕴及沿途自然风景，以文化、旅游、特色建筑物、特产等为主题元素进行景观绿化设计，重点对部分隧道、互通立交区及居住、办公区进行绿化景观打造，按照"本于自然，高于自然"的绿化景观追求，展示沿线淳朴的客家风情及浓浓的潮州韵味。

3．二广连州连接线

该项目以品质工程建设为导向，以"不破坏就是最好的保护"为理念，保护沿线的农业生态、土地—植被资源，减少水土流失和景观破坏；保护沿线主要河流（三江河）的水质，保持现有水平，满足相应功能区的要求；研究建设环境友好型施工便道，未雨绸缪开展线外排水专项设计，最大限度地控制资源占用、降低能源消耗、减少污染排放、保护生态环境。

4．深中通道

该项目注重项目建设与自然环境和谐统一，实现人与环境、人与工程、工程与环境和谐共处；坚持绿色公路设计理念，提升资源综合利用率，强化节能设计，注重节能减排及生态环保。

图 4 - 6　建设中的深中通道

图 4 - 7　深中通道伶仃洋大桥东索塔进行混凝土作业

5. 云茂高速

该项目从装配化、生态型、平安型、创新型、绿色建造技术集成应用五大方面全面发力进行绿色公路示范工程建设，开展隧道三维光环境研究及绿色生态植生混凝土应用，开展装配式涵洞、钢板组合梁桥全省观摩会，筹建云茂高速公路建设技术展馆，编制四新技术和管理创新清单细目 116 项。

图 4-8　云茂高速

图 4-9　云茂高速路面及边坡防护

图 4-10　云茂高速隧道智能照明系统

(六)发展循环经济政策、措施

集团加快高速公路综合养护基地建设,规范养护基地废旧料场地面积,统一要求新安装设备具有旧料再生辅助功能和环保功能。同时,集团鼓励将废旧沥青料回收,就近用于地方改路、乡村土路改造等路面铺筑工程。

集团研究制定沥青旧料再生利用指导意见,对废旧沥青料运输、存储及再生利用条件进一步明确,提高相关路段公司旧料再生利用积极性。积极推广路面沥青旧料再生利用,通过强化综合养护基地布局建设,进一步总结汕梅项目沥青路面厂拌热再生和广惠、南二环等项目沥青路面就地热再生等典型工程经验,带动集团高速公路废旧沥青料储存分类和再生利用。

1. 兴汕项目

该项目充分考虑石方利用,利用边坡石方、隧道洞渣,对路面结构进行优化,取消常规结构垫层和下基层,增加填筑加工碎石。

2. 紫惠项目

该项目将临时施工便道与地方道路或改路相结合,采用"永临结合、路地共建"方式,助力地方"最美农村公路"建设。

3. 开阳扩建项目

该项目实行施工临时便道与地方改路同步设计、同步施工的建设管理手段,对施工需借道的乡村道路进行改造升级,一方面满足施工便道的需要,另一方面满足当地群众日常出行及交通运输的需要。

4. 惠清项目

该项目通过加强沿线清表耕植土和对原木的保护,实现表土资源有效利用,移栽珍贵原木。

三、"双碳" 战略下广东交通集团面临的机遇与挑战

（一）"双碳" 战略下广东交通集团面临的机遇

1. 政府低碳政策加快交通行业转型升级

发展新型建筑工业化是城乡建设领域绿色发展、低碳循环发展的重要举措。这既是稳增长、促改革、调结构的重要手段，又是打造经济发展"双引擎"的内在要求，在全面推进生态文明建设和加快推进新型城镇化进程中意义重大而深远。根据住房和城乡建设部等七部门印发的《绿色建筑创建行动方案》要求，到 2022 年，城镇新建建筑中绿色建筑面积占比达到 70%。星级绿色建筑持续增加，政府投资或者以政府投资为主的高速公路按照高于最低等级的绿色建筑标准进行建设。

高速公路建设要全部按照《绿色建筑设计标准》进行设计，当建设单位进行设计招标或者委托设计时，应当明确绿色建筑的等级以及相关指标要求，项目可行性研究报告或者项目申请报告应当包含绿色建筑要求，施工图设计文件要编制绿色建筑专篇，对建筑工程进行预评价，并在工程开工前向住房和城乡建设主管部门报送绿色建筑项目信息表。

政府通过研究制定专项资金奖补办法，对高标准新型建筑工业化项目择优给予奖励资金补助，探索绿色金融支持新型建筑工业化发展模式，严格落实国家现有税收优惠政策条件，确保企业应享尽享。广东针对建设、购买、运行绿色建筑或者对既有民用建筑进行绿色化改造者，出台了资金支持、容积率奖励、税收优惠等激励措施。

对于广东交通集团来说，政府大力推广绿色建筑、智慧建筑，完善绿色建筑标识管理制度，加大金融扶持和奖励激励力度，为集团高速公路建设业务的绿色转型提供了巨大的发展契机。

2. 智慧交通提升交通行业资源利用效率

互联网新技术正在不断与智慧交通领域相互融合，让资源利用更高效。在智慧城市和智慧交通建设方面，新兴的数字孪生技术将先进的信

息技术、通信技术、传感技术、控制技术及计算机技术等有效地集成运用于整个交通运输管理体系，从而建立起一个大范围、全方位发挥作用，实时、准确、高效、安全、节能、环保的综合交通运输管理系统。此外，自动驾驶、新能源、北斗导航等新技术、新装备的规模化应用有助于建立新型交通运输装备体系，构建云端数字"孪生"城市，用于交通的整体规划调度、运营管理。在城际高速铁路、城际轨道交通、充电桩网络等新基建方面，AI、大数据、云计算等技术的综合应用，能够提高土地利用效率、运输效率，减少资源的消耗和碳排放。在货物运输方面，应用大数据、云计算等技术优化"公转铁""公转水"等多式联运结构的设计，可实现成本与效率的均衡，推动物流运输智能化、精细化、集约化。在日常出行方面，以出行链为核心打造数字化出行助手，在旅客联程运输领域重点推广"出行即服务"（MaaS），可提高低碳出行方式智慧化水平。

3. 绿色技术引领交通行业技术进步

交通运输部历来重视节能减排工作的开展，自"八五"规划印发后，相继开展了"全国重点推广在用车船节能技术（产品）推广目录""交通运输节能减排示范项目""交通运输行业绿色循环低碳示范项目""交通运输行业重点节能低碳技术推广目录"等一系列专项行动，在行业内推广大批先进适用的节能减排技术。

（1）绿色出行工程。

交通运输部推出了绿色出行"续航工程"，推动在重要城市群、都市圈重点区域高速公路服务区、客运枢纽等交通运输服务场站建设充电桩、充电站，为群众较长距离绿色出行提供便利，体现了对上下游协同减碳的重视。

（2）新能源汽车。

我国新能源汽车发展已经进入由政策主导转变为政策支持与产业自主发展联合发力的新阶段。客运汽车能源替代曙光初现，且前景可期。截至2020年底，我国新能源汽车保有量达492万辆，虽然只占汽车总保有量的 1.75%，但新能源车销量达 136.7 万辆，占新车总销量的 5.4%。我国交通"去油化"进程已经领先发达国家，油品在交通用能中的占比低于日本 9 个百分点、欧盟 3 个百分点、美国 2 个百分点。如果保持当前的发展势态，我国电动汽车新车渗透率有望在 2030 年达到 50% 以上、2035 年乘用车基本实现新车全部电动化，道路交通"去油化"和"电气化"有望加速到来。

（3）硅基 LED 光源。

目前，各地大多采用白光 LED 路灯和高压钠路灯，白光 LED 采用蓝光激发黄色荧光粉，且会带来"光衰"等问题，而高压钠路灯能耗大、寿命短。我国自主研发的硅基 LED 光源——金黄光 LED 路灯，通过蓝绿黄红四基色 LED 混光，实现了无荧光粉的纯 LED 白光照明，可实现任意色温和亮度可调，便于按需照明、智能照明，有更高的节能潜力，利于节能减排并助力实现碳中和目标。

4. 碳交易机制拓宽交通行业融资渠道

（1）有效开发企业碳排放权。

集团名下相关企业利用碳排放权获利的方式主要有两种：一是有效降低碳排放。企业积极革新技术，降低单位能耗，提高能源耗用效率，减少二氧化碳排放量，超额完成减排任务，此时剩余的碳排放配额可以通过碳交易市场卖给其他企业，获取利润。二是研究并有效管理碳交易，降低集团相关使用成本。可以在碳价格偏低时，在碳交易市场先有偿买入碳配额，待碳价上涨时出售获利；或者在预计目前碳价格过高，未来会下跌的情况下，可以先卖出一部分已有配额，待跌价时通过市场补充配额，赚取差价。

（2）探索碳排放权交易融资渠道。

随着低碳经济的推进与金融政策的不断改革，碳债券、碳排放权抵押/质押融资逐渐成为主要的融资渠道。集团可以通过发行碳债券的方式来为减排项目筹集资金，利用碳排放权抵押/质押融资有效解决融资困难问题。另外，还可以通过吸引碳基金投资等方式来进行融资。通过碳排放权交易，拓宽企业融资渠道，实现项目融资和减排效益的双赢。

与此同时，广东明确"十四五"时期将深化碳交易试点，积极推动形成粤港澳大湾区碳市场。企业也提前在迎风口卡位，例如，华为斥资30亿元成立数字能源技术有限公司，经营范围涉及光伏、电力、新能源汽车等多个行业，掘金"比特管理瓦特"。广东交通集团可以通过自身节能减排，创造碳汇，积极融入湾区碳汇市场，推动集团整体业务的发展。

5. 数字化赋能迎来行业新业态

新模式与新业态不断兴起，公路甩挂运输，网络化、企业联盟、干支衔接等甩挂模式正被广泛推广。同时，互联网＋车货匹配、互联网＋专线整合、互联网＋园区链接、互联网＋共同配送、互联网＋车辆租赁、互联网＋大车队管理等"互联网＋"新业态正在兴起。在科技产业与汽车产业融合发展的过程中，数字化的升级也从汽车产品的智能化向上游的研发、生产和销售环节拓展，数字化的触达渠道和服务方式能够提升效率，减少环节间的资源消耗和浪费。

此外，交通运输低碳转型还会带来投资机遇。在向低碳化转型发展过程中，必然会带来一系列技术升级和产业变革，伴随而来的是巨大的投资机遇，主要在交通能源、装备、建筑、物流、生态等方面，可能是数十万亿元级的规模。

在货运方面，广东交通集团传统道路货运业务可主动适应并融入多式联运发展，积极拓展短途接驳运输服务。同时，道路货运企业与铁路相关企业共同开发多式联运服务产品，正在积极探索发展驮背运输、公铁两用挂车甩挂运输等新模式。

6. 公众出行观念转变加快行业低碳发展

社会组织与媒体通过环保宣传活动、公交月、公交周、公交进校园等活动，很好地宣传了低碳生活理念，在社会营造了选择绿色出行方式的氛围。此外，绿色出行体验的提升也鼓励公众更多地选择绿色出行方式，同时通过互联网技术提升出行体验，借助大数据实现公交路线优化、公交智能调度，优化供给与需求的调配。用户还可以根据更精准的实时公交查询来安排自己的通勤时间，提高通勤效率。

（二）"双碳"战略下广东交通集团面临的挑战

2021 年 9 月，《中共中央　国务院关于完整准确全面贯彻新发展理念做好碳达峰碳中和工作的意见》发布，体现出中央对于"双碳"目标实现的总体部署。意见中提出的五方面主要目标——构建绿色低碳循环发展经济体系、提升能源利用效率、提高非化石能源消费比重、降低二氧化碳排放水平、提升生态系统碳汇能力，均对广东交通集团的生产经营产生影响，进一步为其如何响应"双碳"战略提供方向、带来挑战。

1. 能源结构刚性加大交通"双碳"目标实现难度

交通行业属于高碳排放行业，近年来，交通运输部门的碳排放年均增速保持在 5% 以上，成为温室气体排放增长最快的领域之一。因此，在"双碳"战略下，如何减少碳排放是首要问题，可相应采取减少能耗并使用清洁能源的措施。广东省发展改革委《广东省 2021 年能耗双控工作方案》指出，2021 年全省单位 GDP 能耗比 2020 年下降 3.08%，能源消费总量新增控制在 1 610 万吨标准煤左右。在《"十四五"我国单位 GDP 能耗降低 13.5%——加快形成能源节约型社会》一文中提到，2012 年以来我国单位国内生产总值（GDP）能耗累计降低 24.6%，相当于减少能源消费 12.7 亿吨标准煤。2012—2019 年，我国以能源消费年均 2.8% 的增长支撑了国民经济年均 7% 的增长，能源利用效率显著提高。

目前交通部门要实现碳中和，需要将道路交通全面电气化，同时在运输方面逐步改用零碳燃料等。广东交通集团就此推行了相应的节约能源、使用清洁能源的政策与措施，如：云茂高速采用橡胶密封水囊进行水袋预压方案，避免资源浪费；惠清项目和潮汕环线项目考虑了资源的循环利用，对拌和楼燃料系统进行改造，统一使用天然气燃料，减少污染排放。此外，集团内部还建立了能源管理体系，减少材料运输环节碳排放量；使用纯电动车，有效减少燃气消耗，并建立国内首家 5G 智能超级充电服务示范站，每天可满足上千辆次车辆的充电，支持绿色低碳发展。但要完全使用清洁能源来替代原本的化石燃料，还存在着以下挑战：

第一，对煤炭依赖性强。我国煤炭储量丰富，煤炭长期处于我国能源消费的主导地位，2020 年我国能源消费中有 56.8% 来源于煤炭，大多数行业直接或间接使用煤炭作为燃料，对煤炭依赖性强，广东交通集团也是如此。2019 年，广东交通集团生产经营全年能源消耗总量达到 73.98 万吨标准煤/万元产值。因此，想要改变和调整以煤炭为主导的能源消费结构，无法一蹴而就，需要循序渐进。

第二，清洁能源成本高。在调整集团内部能源消费结构的同时，还需要关注替换清洁能源的成本。引入清洁能源往往需要更新相应的生产设备，而能源消费结构的调整也会使一部分原有的煤炭燃料设备闲置，这些增加的成本最终被归集到产品中，导致产品成本上升，从而降低生产经营利润。集团内部在考虑替换清洁能源时需要衡量这些成本，在较好地控制成本的情况下调整能源消费结构，加快引入清洁能源；同时应尽快调整生产规模、实现规模经济，从而弥补引入清洁能源带来的成本上涨。

2. 低碳资金投入增加加重交通行业成本

除了节能减排、使用清洁能源，"双碳"战略的实施更需要技术引领。目前国家为实现"双碳"战略已投入大量资金进行技术创新。

在电力投资与建设方面，根据《中国电力行业年度发展报告 2021》，2020 年，全国主要电力企业合计完成投资 10 189 亿元，比上年增长 22.8%。全国电源工程建设完成投资 5 292 亿元，比上年增长 29.5%。其中，水电完成投资 1 067 亿元，比上年增长 17.9%；火电完成投资 568 亿元，比上年下降 27.3%；核电完成投资 379 亿元，比上年下降 18.0%；风电完成投资 2 653 亿元，比上年增长 71.0%；太阳能发电完成投资 625 亿元，比上年增长 62.2%。主要电力企业科技投入资金 1 113.0 亿元，其中，发电企业 510.4 亿元，电网企业 387.7 亿元，电建企业 214.9 亿元。

在能源科技创新方面，主要电力企业申请国内专利 63 082 项，授权 37 158 项，累计有效 211 554 项；申请涉外专利 613 项，授权 268 项，累计有效 863 项。发电技术和装备不断向高参数、大容量、高效及低排放方向发展，巩固了我国在超超临界燃煤发电技术、循环流化床燃烧技术、水电站建设技术、第三代核电技术、风力发电技术及装备制造等方面的领先优势。电网领域在电网安全高效运行、互联网与电网应用融合、新能源与储能并网控制、电工新材料与器件、高端电工装备等方向开展集中攻关、示范试验和推广应用。总的来看，水电领域完善了水轮发电机组及电气设备的产品安装、运行维护、试验等技术标准体系，火电领域标准更加关注"新技术、新工艺、新材料、新设备、新产品"五新技术的发展，核电在常规岛运行维护、施工验收、设备设施调试、测试与试验等领域加快标准制、修订，光伏发电在分布式光伏发电站集中运维、光伏发电站功率控制、光伏发电站项目管理等方面制定了相关国家标准、行业标准和中电联标准；电网方面制定了配电网领域相关标准，建立了±800千伏特高压直流标准体系，电动汽车无线充电系统系列标准的发布填补了我国在电动汽车无线充电技术领域国家标准规范的空白。

在国家大力投入资金助力"双碳"目标实现的同时，广东交通集团也在生产经营中积极响应"双碳"战略。如何在产品生产、项目实施中加入对低碳环保的考量，增加对新型节能环保技术、产品项目的研发投资，增加新科技的应用，是广东交通集团需要关注的又一问题。根据《广东交通集团社会责任报告》，近年来广东交通集团不断利用新技术实现低碳环保。2019年，在全省57个服务区投资建设106座充电站，初步建成高速公路城际出行充电网络，为省内电动汽车产业发展提供有力支撑；在梅平项目中，在长田收费站及人子石隧道洞口建设光伏发电系统，应用新能源发电，降低传统火电依赖程度，实现降低电费开支、减少碳排放的绿色智能供电。2020年，在开阳扩建项目中，在国内首次运用SPMT模块智能移运技术同步拆除和架建天桥；在紫惠项目中，在国内首次引进"无人机载红外探测系统"应用于沥青混凝土路面施工温度均匀性控制。在"双碳"战略的驱动下，广东交通集团在技术方面的投入增加，更多的新技术不断被引进、应用于实际项目实施中，使得项目运行过程更具环保性、科学性与便捷性，项目品质得到改良。

3. "双碳"标准挑战交通行业日常生产运营

"双碳"战略要求集团生产经营过程中更注重生态保护。根据《加快推进绿色循环低碳交通运输发展指导意见》,交通运输部门应加强土地和岸线资源集约利用,加强生态环境保护。《交通运输部关于全面深入推进绿色交通发展的意见》的发展目标提到,要实现生态保护取得积极成效,交通基础设施建设全面符合生态功能保障基线要求,建成一批绿色交通基础设施示范工程,实施一批交通基础设施生态修复项目。《交通运输标准化"十四五"发展规划》也提出,要进行生态环境保护修复,建立美丽公路、美丽航道技术规范,建立公路建设项目环境影响评价、公路环境保护设计规范、公路生态保护与修复技术规范等。

当今环保越发受重视,"绿水青山就是金山银山"的理念深入人心,从前的"发展"和"环保"只能选其一的老路已经走不通了,既推动"发展"也强调"环保"才是未来趋势。在广东交通集团项目实施过程中,修建公路不可避免要对原有生态系统造成影响,如减少耕地面积、改变水系结构、减损原生植被等,集团应积极响应国家建设绿色公路的政策,最大限度维持原有生态环境不被破坏。应做到尊重自然、保护自然、恢复自然的绿色公路建设目标,坚持生态优先、和谐发展的指导方针,强化设计、施工、运营、养护等各阶段的生态环境保护,以实现最大程度地保护、最小程度地影响、最有力度地恢复自然,实现公路与生态、社会的健康可持续发展。

在环保资金投入方面,2019 年和 2020 年广东交通集团的环境保护总投资分别达到 5.8 亿元和 3.2 亿元,在高速公路建设景观绿化林带共 617公里。在生态恢复与治理方面,广东交通集团深入贯彻绿色交通理念,工程临时占地选用非耕地,施工结束后覆土还耕;及时布设边坡防护及绿化措施,避免出现水土流失情况;利用原有自然植物群落,结合人工植物群落,最大限度利用原有地形地貌设计一条绿色通道。在保护生物多样性方面,广东交通集团在工程建设中保护自然栖息地、湿地、森林、野生动物廊道、农业用地;项目施工时对植被物种进行最大限度的还原和保护；尽量避让沿线鸟类保护区，避绕生态敏感点，坚持"地形选线、地质选线、环境选线、规划选线、生态选线"原则。在"双碳"战略的引导下，广东交通集团在生产经营中将更多的生态保护内容纳入考虑范围，在发展的同时关注生态保护与环境可持续性，履行相关企业社会责任，助力"双碳"目标实现。

4. 投资环境变动提升交通项目投资复杂性

在"双碳"战略下，广东交通集团外部投资倾向于更低碳、更环保的项目。当今投资者作出投资决策时除了看重项目本身的盈利能力与发展前景，还加入了对环保的考量。

在国际投资环境中，《中共中央　国务院关于完整准确全面贯彻新发展理念做好碳达峰碳中和工作的意见》中提到，需加快建立绿色贸易体系，大力发展高质量、高技术、高附加值绿色产品贸易，严格管理高耗能高排放产品出口，积极扩大绿色低碳产品、节能环保服务、环境服务等进口。依托"一带一路"促进环保的国际交流与合作，发展绿色"一带一路"，使其成为绿色能源国际合作的典范。更要推进绿色"一带一路"建设，加快"一带一路"投资合作绿色转型，支持共建"一带一路"国家开展清洁能源开发利用。截至2022年4月，"一带一路"绿色发展国际联盟吸引了40余国的150余家合作伙伴加入。中国政府实施的绿色丝路使者计划，已培训120多个国家的环境官员、科研人员和技术人员2 000余人次。绿色投资原则的应用广度在不断扩大，目前采用"一带一路"绿色投资原则的全球机构已达39家，管理资产达48万亿美元。意见中还提出，要深化与各国在绿色技术、绿色装备、绿色服务、绿色基础设施建设等方面的交流与合作，积极推动我国新能源等绿色低碳技术和产品走出去。在如今"双碳"战略与"一带一路"建设的双重背景之下，绿色投资、低碳投资、环保投资将成为一种新趋势。

在国内投资环境中，首先，在政策层面上支持绿色环保项目的发展落地。《关于推进绿色"一带一路"建设的指导意见》中提到，要加强对外投资的环境管理，促进绿色金融体系发展。这需要企业积极主动承担环境社会责任，严格保护生物多样性和生态环境。要推动我国金融机构、我国参与发起的多边开发机构以及相关企业采用环境风险管理的自愿原则，支持绿色环保建设。积极推动绿色产业发展和生态环保合作项目落地。其次，在资金支持方面，给予绿色环保项目多方融资渠道，强化资金来源保障。鼓励符合条件的绿色"一带一路"项目按程序申请国家绿色发展基金、中国政府和社会资本合作（PPP）融资支持基金等现有资金（基金）支持；发挥国家开发银行、进出口银行等现有金融机构的引导作用，形成中央投入、地方配套和社会资金集成使用的多渠道投入体系和长效机制；发挥政策性金融机构的独特优势，引导、带动各方资金共同为绿色"一带一路"建设造血、输血；通过现有国际多、双边合作机构和基金，如丝路基金、南南合作援助基金、中国—东盟合作基金、中国—中东欧投资合作基金、中国—东盟海上合作基金、亚洲区域合作专项资金、澜沧江—湄公河合作专项基金等，对绿色"一带一路"项目给予积极支持。

当下投资环境向低碳环保方向倾斜，对广东交通集团来说既是机遇也是挑战。一方面，集团应努力把握机会，积极寻求支持绿色发展的资金来源，加大对绿色产品、节能环保技术的研发投入，提高研发投入与产出的效率，向更加重视绿色性、低碳性、环保性的战略方向迈进，借助政策支持实现自身发展。另一方面，集团要注意降低自身的环境风险，管控好高耗能、高排放的项目实施，调整内部能源使用结构，多使用清洁能源、降低碳排放强度，积极承担起企业社会责任，如此才能顺应投资潮流，在投资环境变动的情况下更好地发展。

第二节 广东交通集团低碳发展路径

本节主要根据集团主营业务来分析其低碳发展路径。根据广东交通集团的实际情况，集团业务主要分为三大板块：高速公路和道路基础设施投融资、建设和经营管理，出行服务和物流，以及与交通设施相关的土地等配套资源的综合开发经营和相关服务。

一、推动工程建设绿色创新发展

根据业务全生命周期，高速公路投资建设运营业务主要分为四个阶段：勘察设计阶段、施工建设阶段、运营维护阶段和拆除处置阶段。

（一）勘察设计阶段

公路建设运营是广东交通集团内部的一项重要业务，为践行低碳发展，绿色环保、节能降排的理念需要贯穿该业务全过程。在勘察设计阶段，要注重生态保护，实施绿色开发。交通运输部发布的《2020 年交通运输行业发展统计公报》中提到，截至 2020 年末，高速公路里程 16.10 万公里，增加 1.14 万公里，占公路总里程比重为 3.1%，提高 0.1 个百分点；二级及以上公路里程增加 3.04 万公里，占公路总里程比重为 13.5%，提高 0.1 个百分点；农村公路里程 438.23 万公里，比上年末增加 18.19 万公里，占公路总里程比重为 84.3%，提高 0.5 个百分点，其中县、乡、村道分别增加 8.11 万公里、4.04 万公里和 6.04 万公里。① 由此可见，我国的干线网结构不断优化，公路网规模不断扩大。在公路的投资建设中，不免会对原有生态环境产生一定影响，而进行绿色、低碳发展则要求在开发过程中最大限度地降低对生态环境的破坏，这就需要集团内部在考虑新公路建设时进行较为全面的勘察，做好规划设计方案。

根据广东交通集团往年的社会责任报告，集团在进行公路建设项目时会采取全面调研与勘察，因地制宜，设计出充分利用当地条件、尽最大努力保护生态的建设方案。在 2019 年的绿色公路项目中，紫惠项目绿

---

① 交通运输部. 2020 年交通运输行业发展统计公报［EB/OL］. (2021 - 05 - 20). https://baijiahao.baidu.com/s?id=1700268685790502078&wfr=spider&for=pc.

化施工通过对当地植物进行调研，确定边坡植物以本土原生物种为第一选择，以河源市、惠州市市花颜色为主色调，打造具有地域特色的线性动态景观走廊，在施工过程中对名贵树种进行移栽保护，用于服务区绿化；潮汕环线项目加强对区域性分布的重点保护植物的调查，在施工过程中如发现重点保护对象则及时上报主管部门，就地保护或迁地保护，临时用地避开环境敏感区，对临时占地进行生态恢复，保护区段加强对施工人员的野生植物保护宣传和执法管理，确保做到人人自觉维护野生植物及其生存环境；梅州东环项目积极打造绿化公路，形成具有梅州地域特色的线性动态景观走廊。集团 2020 年的社会责任报告也提到，华陆项目针对山区高速公路，结合当地的气候、水文地质条件，以最佳配合比专门配制草籽，尽量保持四季常绿；广中江项目利用原有自然植物群落，结合人工植物群落，最大限度地利用原有地形地貌设计一条绿色通道。以上种种勘察措施和设计方案能助力集团在此阶段践行低碳发展，贯彻绿色生态理念，保护生物多样性。

集团在今后的勘察设计中也应继续遵循环保原则，公路建设要进行合理规划，在公路规划与设计中优先选择对环境影响小、占地少、工程造价省的方案，节约生态资源；要充分利用自然条件，利用地形地貌等条件，因地制宜地采取建设方案，最大限度地减少高填深挖，有利于节省资源、减少建设中的能耗，实现低碳目的；要在勘察设计阶段坚持"选线原则"，尽量避绕生态敏感点，坚持"地形选线、地质选线、环境选线、规划选线、生态选线"原则；还要合理布线，保护耕地，在设计阶段尽量避绕不良地质，减少工程难点，便于施工，从而节约资源用量，路线布置要合理利用有限的走廊带资源，保护耕地和当地动植物，维持沿线生态平衡。

此外，在公路沿线的勘察设计中可积极开展其他有助于低碳发展的相关研究。2021 年，由山东高速集团承担、山东省交通运输厅和山东省公安厅共同申请的山东省地方标准《高速公路边坡光伏发电工程技术规范》获山东省市场监督管理局立项，列入了当地的标准制定计划，这是山东高速集团响应国家"双碳"战略，加强高速公路沿线光伏资源开发的重要举措。广东交通集团可借鉴其发展经验，积极开展自身的公路边坡光伏发电工程技术研究，跟上行业创新步伐，促进新型发电模式的发展，助力低碳生活。

（二）施工建设阶段

公路的施工建设阶段要遵循勘察设计阶段的方案，坚持生态环保、低碳建设。在公路项目施工中，需要推动工程建设创新绿色发展。在"双碳"战略的推动下，交通运输基础设施建设要抓住绿色低碳的机遇，以技术创新为驱动，研发应用新技术、新材料，提升公路设施的耐久性和减排效能，促进工程建设"旧转新"。

首先，在勘察设计遵循低碳环保原则的基础上，继续贯彻绿色环保理念，将其应用于施工建设之中，推动低碳原材料替代、生产工艺升级、能源利用效率提升。集团 2019 年的社会责任报告中披露，集团已经建立能源管理体系，并运用在项目建设中，在减少临时用地、用林对当地生态环境的影响以及土地资源利用等方面取得明显成效。例如，海陵岛大桥项目采用设计施工总承包模式，缩短建设周期，设计阶段与施工阶段相互搭接，在价值工程、全生命费用方面取得明显经济效果；兴汕项目采用橡胶密封水囊进行水袋预压方案，避免资源浪费和长距离运输，极大地降低了能源的消耗；紫惠项目和怀阳项目则将临建设施与地方规划相结合，减少新增临时占地，将隧道弃渣筛选加工，用于生产机制砂、碎石等，同时解决弃渣问题，并有效缓解地材供应紧缺的压力，提高废旧材料的利用率，此外，还对土石方进行科学调配，就近利用，不跨沟调运、由高向低调运，妥善处理，充分节约土地资源。2020 年，集团依旧在各个项目中统筹资源的合理利用，将临时施工便道与地方道路或改路相结合，采用"永临结合、路地共建"方式进行公路建设；将拌和站、预制梁场及项目驻地等临建设施与地方规划相结合，优先利用地方规划建设用地，减少新增临时占地，实现集约节约，提高能源利用效率，减少浪费。这些环保施工理念在未来应继续被贯彻落实，以降低资源、能源耗费量，提高利用效率。

其次，工程建设的全过程需要综合运用多种手段，实施工程建设全过程绿色建造，推动新建公路桥梁、隧道等结构物构件施工机械化及预制装配化，加大交通工程建设中废旧材料综合利用、资源循环利用力度，降低全生命周期的能耗和碳排放，实现低碳与环保。2019 年，集团制定了相应制度，采取措施或技术减少废弃物排放。在紫惠项目中，将弃渣筛选加工，用于生产机制砂、碎石等，以解决弃渣问题，减少弃土场选取，主线清淤的质土用于边坡绿化，取、弃土场复垦及耕地改造，原荒地土应用于软基换填，合理利用资源。在开阳扩建项目中，所采用的路线与旧路基本一致，利用既有设施，避免浪费，减少对地方水系及路网的影响，对改扩建工程产生的材料进行回收加工，用于"三改"工程、换填材料、排水构造物，对旧沥青路面材料进行再生加工，用于新铺沥青结构层，此外，采取措施减少废气排放，推行设计标准化，集中预制，减少施工期大气污染。在 2020 年的潮汕环线项目中，应用"软土就地固化技术"实现工程废土零排运，降低运输及堆放对环境的影响，不置换材料，减少砂石用量，减少开山采石和河道挖沙，无须开挖工作，减少对周围建筑物的影响。采用此技术后，实现了对资源的循环利用，在施工建设中真正做到节能环保，在今后的工程项目中可继续推广此类环保技术的应用。

最后，在施工建设阶段还需要落实管理细则与监督系统，建立责任体系，使施工全过程的节能减排措施得到真正落实。广东交通集团可继续采用往年项目实施期所制定的细则，建立完善管理机构和体系，确定好环境保护和水土保持管理方案、实施细则以及奖惩制度，确立好各项预警机制，做好风险应对；同时要建立监督机制，加大对施工过程环境保护的监督检查力度，切实抓好环保、水保措施的落实工作，重点监测各个环保、水保敏感点，及时发现问题并整改，做到事前防范、事中控制、事后把关。

此外，2021 年广东交通集团战略发展部与壳牌（中国）有限公司在广州联合举办了减碳战略交流会，会上探讨了未来的交通运输业减碳路径，双方表示将进一步加强战略对接的广度与深度。因此，集团在将来可与壳牌公司就道路新建低碳沥青材料、道路养护绿色低碳解决方案、未来绿色低碳出行等领域进行合作，采用更环保的沥青材料，探索公路施工建设的低碳模式。

（三）运营维护阶段

在公路的运营维护阶段，首先，集团要保障公路的运行通畅，运用技术与行政等多种方式，加大道路交通拥堵治理力度，促进交通运行"堵转畅"。第一，要优化路网运行，建立路网一体化运养管理模式及控制平台，充分利用科学技术，使用北斗卫星导航、大数据、无人机、智能控制等技术设备，实现系统运行效率最优，提升路面通行效率。2020年，集团旗下所属的利通科技公司凭借"高速公路智能交通大数据关键技术及应用"项目，获2019年度广东省科学技术进步奖二等奖，推进了集团内部的交通科技研究与创新。该项目针对高速公路智能交通大数据的采集、存储、处理、挖掘、应用开展一系列综合研究与技术开发，其中关键技术创新有"基于多源信息集成的高速公路特定目标实时追踪、运动轨迹还原方法""面向高速公路的交通诱导与控制""高速公路运输指数构建方法"等，为高速公路智能交通大数据提供有力支撑，有效突破了关键技术瓶颈。这些关键技术同时也是利通科技智慧公路"云—网—节—端"技术架构体系中的重要组成部分。集团可加快此项技术的应用落地，将数据和技术用于公路交通疏导、流量监测等方面，推动公路的智能化进程。第二，为保障公路畅通，要优化路网设计，开展智慧高速公路系统工程研究，重点改善关键交通节点路网，建设全天候通行、全路段感知、全过程管控的智慧高速，助力完善综合交通体系，提升道路快速通行能力。对此，除了积极应用智能科技，集团可继续采用2020年高速公路保畅通的"潮汐式"管理模式应对节假日拥堵难题，涵盖服务区潮汐管理、路面潮汐管理和人员潮汐管理。

其次，集团要始终坚持低碳环保方向，坚定打造更多"绿色公路"

"美丽公路"。惠清项目在运营维护阶段将"绿色公路"的理念贯穿始终。惠清高速公路作为粤港澳大湾区北部地区的交通大动脉之一,在践行低碳环保方面发挥了带头作用。在公路运营过程中,集团应用集成创新的桥面径流收集处理与监测预警一体化系统,有效预防了危化品泄漏事故可能造成的水污染,切实保障饮用水源的安全性;在治理噪声污染方面,打造了生态环保声屏障,在美化环境的同时,还起到了降噪的作用,用绿色建造技术让公路运营减少污染,不断推进绿色环保理念,切实保护人民群众的身心健康,满足人民群众对美好出行的新需求。未来广东交通集团在打造更多"绿色公路"的同时,也要加强后续对"绿色公路"的持续监测,建立完整的水质、空气、噪声等监测体系,做到出现问题及早发现、及时响应、极速解决,实现对公路运营维护的全过程监控。

再次,除了从供给端入手促进公路建设走环保低碳发展之路,还可以在需求端采取相应措施,引导公众绿色出行,促使个体出行"私转公",打造公众绿色低碳出行模式。一是优化客运组织,拓展多样化客运服务,鼓励和规范定制客运等新模式发展。二是优化公共交通服务,打造绿色、高效、快捷、舒适的公共交通服务及配套体系,用精准的公共交通方式减少私家车流量,提高绿色交通分担率。从以上两方面入手降低交通道路的拥挤程度,减少出行碳排放量,达到低碳目的。

最后,与施工建设阶段一样,集团在运营维护阶段同样需要建立低碳措施的监督体系,确保责任落实。

(四)拆除处置阶段

在公路建设业务的拆除处置阶段,重点是要最大限度地降低拆除施工过程所造成的生态污染。在减少废气排放方面,一是尽量安排拆除处置集中化,缩短施工期长度,减少大气污染,可在沿线各服务区及站点安装大气监测装置,确保大气质量监测合格。二是在施工现场、施工便道处洒水,有效控制扬尘。拆除时所产生的尘土、石屑等粉状物的堆放处有遮盖,以减轻对空气的污染。对于这些处置过程中所产生的废料可考虑循环利用，就近运送至周边施工现场作为水泥搅拌过程中的原料等，实现废物循环，减少资源浪费，提高废物周转利用率。对于石方边坡采用静态爆破或控制爆破，对于隧道采用光面爆破、机械通风和雾炮降尘，以减少污染。

在拆除完成后，若不在原地重新修建公路，则要尽力恢复拆除地原本的自然生态环境。对拆除地点周边进行详细调研，确定周围的原生态树种等物种，从而有针对性地采取移植或栽种的方式恢复植被，重建此地生态环境，尽可能还原植被等物种，契合当地地域特色。

二、加快交通运输结构优化调整

（一）汽车运输

汽车运输是交通行业中碳排放占比较大的一个部分，在运输方面，减碳降排对于实现广东交通集团的低碳发展有重大作用，首要举措是加快新能源汽车的规模化应用。

使用新能源汽车替代原有的化石能源车辆能有效降低碳排放量，促进节能减排。《2017—2018 年 1—5 月中国纯电动客车行业发展现状及行业发展趋势分析》显示，利用新能源转化电能，纯电动汽车比燃油汽车节能 70% 、费用节省 50% 左右。根据中国汽车工业协会统计数据：2022年我国新能源汽车持续爆发式增长，产销分别完成 705.8 万辆和 688.7 万辆，同比分别增长 96.9% 和 93.4% ，连续 8 年保持全球第一。由此可见，以深度降碳为目标的汽车用能 "油转电（新能源）" 是大势所趋。集团内部可加快新能源汽车规模化应用的部署，引入更多新能源汽车替换原有的化石能源车辆，调整、优化运输机动车能源结构。在采购投入方面，更多考虑新能源汽车如纯电动车、混合动力车辆等的购入，加快淘汰老旧燃油车辆，增加新能源的使用比例，利用新能源的替代性优势，从碳排放源头上减少能耗。在认知引导方面，目前我国新能源汽车的发展主要依靠政策驱动，国家建立了完善的推进政策体系，同时，一些地方对新能源汽车给予购置补贴。新能源汽车产业仍是未来发展的趋势。在政策和市场的双重驱动之下,集团应引导内部员工转变对新能源车辆的认知模式和消费意识,增强环保、节能减排观念,促进汽车运输能源结构的调整,为集团的低碳发展奠定认知基础。

为了新能源汽车的规模化应用得以顺利推进,应同步加强新能源汽车应用的配套设施建设。为了便于新能源汽车通行,要加快构建便利高效、适度超前的充换电(新能源补给)网络体系,在公路服务区、运输枢纽、物流园区、公交站场等区域加快投入充电桩、加氢站以及 LNG 加注站等新能源基础设施,为新能源汽车的便利使用创造有利环境。在集团 2019 年社会责任报告中提到的平兴高速石正管理中心"光伏车棚"试点项目应持续推进,加快"光伏车棚"的推广使用,它将有助于实现电力就近消纳,提高清洁能源使用比例,降低碳排放量。这是落实绿色可持续发展理念的示范性项目,需要集团进行统筹规划、复合利用,避免重复建设,浪费人力、物力资源。另据集团 2020 年社会责任报告,集团的"5G+智能充电站"项目不断推进,岐关工业大厦(前山站)和竹仙洞(南湾站)的充电站正式投入运营,为新能源汽车的推广使用提供了有力支持。未来集团应进一步加强此类智能充电服务站的建设,提高充电桩数与充电服务效率,使新能源汽车出行无能量耗尽的顾虑。此外,还可进一步加速新能源汽车的智能化和共享化应用,在替换能源以减少碳排放的同时,利用汽车共享化推进环保节能。基于此,可大力推动无人驾驶技术在公共交通、消防、出租、物流运输等领域的应用,实现交通智能化;并开展更多智能共享汽车使用模式探索,以缓解交通拥堵问题,从而在一定程度上降低碳排放量,有助于低碳发展,为解决交通领域能源环境问题开辟新路径。

(二)现代物流

在物流方面,优化调整货运结构是广东交通集团低碳发展的一个努力方向。交通运输部《2020 年交通运输行业发展统计公报》显示,在

2020 年全社会营业性货运量中，公路运输完成营业性货运量 342.64 亿吨，占比最大，达到 73.8%；其次是水路运输和铁路运输，分别完成货运量 76.16 亿吨和 45.52 亿吨，占比分别为 16.4% 和 9.8%。[①] 而在交通运输方式能耗比较中，航空与公路运输的能耗较高，其次是铁路运输，能耗最小的是水路运输。基于此，实现低碳发展需合理规划现代物流方式，在可行的情况下加大力度发展水路和铁路运输，促进货运方式"公转铁（水）"，增加水路和铁路运输路线的利用率，优化物流运输结构，从而降低交通运输能耗。

近年来，我国交通运输结构调整不断深入，多式联运加快推进。以 2020 年为例，全年全国港口完成集装箱铁水联运量 687 万标箱，比上年增长 29.6%，占港口集装箱吞吐量比重为 2.6%，提高 0.6 个百分点。[②] 因此，对于广东交通集团来说，在现代物流方面可学习我国交通运输业整体的发展经验，调整货运结构，部署多式联运，采取开源节流方式践行低碳发展。根据集团发展战略，到 2035 年，广东交通集团需要完成对已有客运、物流业务资源的整合重组工作，并实现与外部专业公司开展多种方式的合作，促进业务的发展。一方面，集团要积极整合物流运输路线，聚集物流资源，长距离运输尽可能采取铁路运输或水路运输，降低公路运输比例，减少公路运输方式所产生的碳排放量，完成客运服务转型升级。另一方面，集团要加快发展公路、铁路、水路多式联运，创新规划、开发更多联运路线，构建绿色低碳物流服务网络，提高运输过程中资源和能源的利用率，提高运输效率。建成包含综合物流园与节点物流设施的现代物流基础设施，形成材料物流、跨境物流、冷链物流、汽车列车物流等主营物流业务，成为市场领先的物流综合服务提供商和物流平台运营商。

---

① 交通运输部. 2020 年交通运输行业发展统计公报 [EB/OL]. (2021 – 05 – 20). https://baijiahao.baidu.com/s?id = 1700268685790502078&wfr = spider&for = pc.

② 交通运输部. 2020 年交通运输行业发展统计公报 [EB/OL]. (2021 – 05 – 20). https://baijiahao.baidu.com/s?id = 1700268685790502078&wfr = spider&for = pc.

三、提升运营过程低碳管理能力

（一）绿色办公

在办公过程中践行节能减排政策，有利于集团整体的低碳发展。在集团室内办公区，替换高耗能的办公设备，使用更加节能的设备，或通过对办公空间进行不同布置、安排以达到节能的目的。

在照明方面，可以继续在办公区采用发光效率高、显色性好、使用寿命长、色温相宜、符合环保要求的光源，最大幅度降低光源维护更换费用，降低能耗；大开间办公区、门厅、走廊、电梯厅等采用预定程序自动开闭，或可换成声控设备，定时调节不同工作场景，对灯具进行分组控制，设计"人来灯亮、人走灯灭"的感应控制功能，同时，通过亮度传感器进行灯光亮度自动检测，无人工作时调整至最低照明度。此外，办公的大开间区域可采用更合理的空间布置，根据自然光线强弱进行室内布置，分区域进行照明控制，尽量利用自然光，以达到集中控制、方便节能、提高工效、降低运行成本的效果。

在室温控制方面，办公区的夏季空调温度不低于26℃，冬季也可设置合理的室温上限，减少空调设备的碳排放量；同时，可对办公区域进行合理的分隔安排，适当采用分隔屏风、门帘等工具，进行空间划分，以减少空调、暖气所产生温度的散失，从而减少从设备启动至达到室内适宜温度的时间，提高空调和暖气的温度利用效率。

在办公用电方面，开展调研并进行可行性分析，确定是否可引进光电等清洁能源，用太阳能发电为办公提供电能，从而减少传统化石能源发电量，实现节能减排效果。

在办公纸张使用方面，可以考虑推广无纸化办公且打印纸张双面使用；在集团本部已经开始使用电子会议材料系统（会议助手），所有提交会议审议或需在会议上汇报的材料均进行数字化，从而大量减少了会议材料的翻印，努力创造绿色环保的办公环境。

在办公会议方面，可以推行视频会议，减少员工出行次数，从而降低出行的能耗；集团的办公会议要推进智能化，在充分利用现有设施和设备的基础上，采用以集团本部作为主核心节点、支持多点高清视频会议终端接入的整体框架，开展集团视频会议系统项目建设，实现集团本部与110家二、三级单位通过视频会议系统召开视频会议，从而提高工作效率，同时减少因公务出行带来的能源消耗。此外，还可以在办公过程中所涉及的各方面注意环保、减少浪费（例如：可进行办公区生活用水回收再利用，办公垃圾科学分类，适当改造办公区域、增添绿植使其转变成绿色生态办公室），实现绿色办公。

（二）碳利用

践行低碳发展，除了直接在减碳方面发布政策、采取措施以外，还可以充分利用二氧化碳，将其变成可用资源，生产绿色资源物资。

近期有研究表明，二氧化碳存在新的用途，即取代水蒸气来驱动发电机发电。2021年12月8日，我国自主研发建造的国内首座大型二氧化碳循环发电试验机组完成72小时试运行，在西安华能试验基地正式投运。这说明将二氧化碳充分利用起来同时达成产能和减排，已经成为一个事实。与传统蒸汽发电相比，循环利用二氧化碳驱动发电机发电具有三大优势：一是体积小，同等装机容量下二氧化碳发电机组体积只有蒸汽机组的1/25。二是效率高，在600℃的温度下，发电效率比蒸汽机组高3%~5%。三是污染小，采用二氧化碳机组的燃煤电厂，单位发电量碳排放强度可减少10%。这个成果在未来有着极大的应用前景，它不仅能够通过将二氧化碳循环利用直接帮助降低碳排放量，还能够扩大清洁能源的来源、降低化石能源的使用比例，从而间接降低碳排放量。基于此，集团可在二氧化碳利用方面进一步关注各种新型技术成果的使用效果，也可与相关科研机构合作，针对二氧化碳的利用开展进一步研究，加强相关碳利用技术、设施装置的研发，争取加快碳利用技术的真正落地与推广，推动"双碳"目标的实现。

集团还可以积极发展碳捕集与封存（CCS）技术，探索其在交通运输行业的新运用。碳捕集与封存技术是指将大型发电厂所产生的二氧化碳收集起来，并用各种方法储存以避免其排放到大气中。根据生态环境部环境规划院发布的《中国二氧化碳捕集利用与封存（CCUS）年度报告（2021）》，截至2020年底，我国已投运或建设中的CCUS示范项目约有40个，碳捕集能力达300万吨/年，项目主要以石油、煤化工、电力行业小规模捕集驱油示范为主，重点开发二氧化碳提高石油采收率（CO_2 – EOR）项目。据中国石油勘探开发研究院的数据，可采用注气驱油技术解决低渗透油藏开发难度大、开采效率低等问题，全国约有130亿吨原油地质储量适合二氧化碳驱油，可提高采收率15%，增加可采储量19.2亿吨，并封存二氧化碳47亿~55亿吨。若考虑全部油藏潜力，二氧化碳封存量将达150亿吨以上。碳捕集与封存技术虽然发展前景巨大，但目前也仅在采油业等几个领域内进行研究应用，尚未推广到更多行业，未来极有必要发展这项技术。因此，广东交通集团可率先进行碳捕集与封存技术在本行业的应用探索，积极跟踪关注相关研究，为将来着手部署碳捕集与封存产业链各环节试点做好充分准备，为低碳产业发展助力。

第三节　广东交通集团低碳发展的政策建议

一、谋划前瞻性的低碳发展布局

实现碳达峰、碳中和，是以习近平同志为核心的党中央统筹国内、国际两个大局作出的重大战略决策，也是一场广泛而深刻的经济社会变革。要把"双碳"工作纳入发展整体布局和发展全局，坚持降碳、减污、扩绿、增长协同推进，加快制定出台相关规划、实施方案和保障措施，组织实施好"碳达峰十大行动"，加强政策衔接。集团各部门要有全局观念，科学把握碳达峰节奏，明确责任主体、工作任务、完成时间，稳妥有序推进。

（一）由集团党委主要领导牵头，成立"推进低碳工作领导小组"

组织相关职能部门共同参与、协调安排低碳相关工作，坚持目标导向和问题导向相结合，坚持系统观念，统筹集团业务结构调整和能源消费结构调整，统筹节能和减排，加强前瞻性思考、全局性谋划、战略性布局、整体性推进。进一步把绿色发展、低碳发展摆在集团业务发展更加突出的位置，加快形成资源节约和环境友好的运输方式结构、交通用能结构和交通基础设施网络，构建与资源环境承载力相匹配、与生产生活生态相协调的交通运输发展新格局。面对日趋强化的能源环境约束，集团内部应增强危机意识，树立绿色、低碳发展理念，以节能减排为重点，增强可持续发展能力。

（二）设立低碳发展专业研究机构，开展低碳发展方面的研究

在当前的国际、国内行业发展形势下，低碳发展专业研究机构对集团行业发展研究具有重大的意义和价值，其重要性和必要性不言而喻。专业研究机构可以调研分析行业运行状况、技术、竞争力、竞争格局、规模机构、政策、发展趋势，以及综合经济信息等行业要素并进行深入分析，从而发现广东省交通运输行业一定时间以来运行的经济规律，进一步预测未来行业发展的趋势，为集团及行业发展提供重要的参考依据。同时，低碳发展专业研究机构不单肩负着集团的低碳发展使命，还是加强集团在"双碳"目标下与政府和其他企业沟通交流的源动力，通过与政府和其他企业进行交流合作，增加集团经济高质量发展的路径，使集团及时作出有利于自然环境保护及经济发展的专业决策。

二、推动交通基础设施建设绿色化

（一）强化广东交通集团对道路基础设施规划建设的指导约束作用

推动形成与生态保护红线相协调、与资源环境承载力相适应的综合立体交通网。进一步加强交通基础设施规划和建设项目环境影响评价，保障规划实施与生态保护要求相统一。强化交通建设项目生态选线选址，将生态环保理念贯穿交通基础设施规划、建设、运营和维护全过程，合理避让具有重要生态功能的国土空间。建设集约化、一体化绿色综合交通枢纽，同时要严把新上项目的碳排放关，坚决遏制高耗能、高排放、低水平项目盲目发展。

（二）深化绿色公路建设

因地制宜推进新开工的高速公路全面落实绿色公路建设要求，鼓励普通干线公路按照绿色公路要求建设，引导有条件的农村公路参照绿色公路要求协同推进"四好农村路"建设。强化公路生态环境保护工作，做好原生植被保护、近自然生态恢复、动物通道建设、湿地水系连通等工作，降低新改（扩）建项目对重要生态系统和保护物种的影响。推动交通基础设施标准化、智能化、工业化建造，强化永临结合施工，推进建养一体化，降低全生命周期资源消耗。完善生态环境敏感路段跨河桥梁排水设施建设及养护。加强服务区污水、垃圾等污染治理，鼓励老旧服务区开展节能环保升级改造，新建公路服务区推行节能建筑设计和建设。推动交通与旅游融合发展，完善客运站场等交通设施旅游服务功能，因地制宜打造一批旅游公路、旅游服务区。

（三）推进交通资源循环利用

要加大垃圾资源化利用力度，推广交通基础设施废旧材料、设施设备、施工材料等综合利用，鼓励废旧轮胎、工业固废、建筑废弃物在交通建设领域的规模化应用。大力发展循环经济，减少资源、能源浪费，统筹推进低碳交通体系建设，提升城乡交通建设绿色低碳高质量发展水平。

三、加快新能源运输装备推广应用

（一）推进新能源汽车的规模化应用

相关研究表明，利用新能源转化电能，纯电动汽车比燃油汽车节能70%、费用节省50%左右。[1] 因此，以深度降碳为目标的汽车用能"油转电（新能源）"是大势所趋。应在政府与市场双驱动力下，引导消费者转变车辆消费认知和模式，加快淘汰老旧燃油车，扩大新能源汽车的应用，形成新能源汽车对传统燃油车的替代性优势，减少碳排放源能耗。据能源与交通创新中心（iCET）的报告预测，机动车石油消耗量有望在2025年前达峰，到2040年、2050年分别较峰值下降55%和80%。[2]

（二）提升新能源汽车的通行便利程度

加快构建便利高效、适度超前的充换电（新能源补给）网络体系，在公路服务区、运输枢纽、物流园区、公交站场等区域加快布局充电桩、加氢站以及LNG加注站等新能源基础设施，为新能源汽车的使用创造有利环境。

（三）加速新能源汽车的智能化和共享化应用

要紧紧抓住新一轮科技革命和产业变革机遇，推动互联网、大数据、人工智能、第五代移动通信（5G）等新兴技术与绿色低碳交通深度融合，建设绿色制造体系和服务体系。大力推动无人驾驶技术在公交、消

---

① 2017—2018年1—5月中国纯电动客车行业发展现状及行业发展趋势分析［EB/OL］.（2018-07-03）. https://www.chyxx.co-m/industry/201807/655042.html.

② 我国燃油车禁售时间报告出炉，2050年燃油车有望退出［N］. 新京报，2019-05-23.

防、物流等领域的应用，开展更多智能共享汽车使用模式探索，为解决交通领域能源环境问题开辟新路径。推动公路服务区、客运枢纽等区域充（换）电设施建设，为绿色运输和绿色出行提供便利。因地制宜推进公路沿线、服务区等适宜区域合理布局光伏发电设施。

四、持续推进低碳技术研发

要强化顶层设计，完善政策框架。做好低碳科技创新顶层设计，推动相关规划编制。统筹考虑碳达峰与碳中和目标，结合短期经营业务、中期结构调整、长期发展转型的需要，做好碳排放增量控制、碳减排技术储备"两步走"顶层设计，布局近、中、远期关键技术攻关，加强变革性技术研发和战略性技术储备，提升未来低碳竞争力。

（一）推进绿色交通科技创新

构建市场导向的绿色技术创新体系，支持新能源运输装备和设施设备、氢燃料动力车辆等应用研究；加快新能源汽车性能监控与保障技术、交通能源互联网技术、基础设施分布式光伏发电设备及并网技术研究。深化交通污染综合防治等关键技术研究，重点推进交通大气污染和碳排放协同治理交通能耗与污染排放监测监管等新技术、新工艺和新装备研发。推进交通廊道与基础设施生态优化、路域生态连通与生态重建、绿色建筑材料和技术等领域研究。推进绿色交通与智能交通融合发展。推进交通运输行业重点实验室等建设，积极培育国家级绿色交通科研平台。鼓励行业各类绿色交通创新主体建立创新联盟，建立绿色交通关键核心技术攻关机制。

（二）加快"畅通"交通技术研发

优化路网运行，建立路网一体化运养管理模式及控制平台，利用北斗卫星导航、大数据、无人机、智能控制等技术设备，实现系统运行效率最优，提升路面通行效率。优化路网设计，开展智慧高速公路系统工程研究，重点改善关键交通节点路网，建设全天候通行、全路段感知、全过程管控的智慧高速，助力完善综合交通体系。2021 年 9 月，国内首条全线开通的"改扩建智慧高速"山东京台高速，运用"交通运行态势评估算法及交通诱导管控方法"，通行能力提升 20% 以上，有效提升了交通管理的精细化水平，为提升交通运行质量和效率提供了良好平台。①

五、推进低碳发展人才体系建设

（一）强化低碳发展人才机制的创新组织制度

集团低碳发展离不开人才供需关系的创新和激励机制的创新，在低碳发展模式的新形势下，广东省的社会规则、社会关系、组织结构、组织机制均出现了前所未有的全新变化，而人才组织制度包含了整个集团社会关系中的规则、社会组织的结构以及机制，只有设计好更加适应低碳发展的新制度，才能顺利承接交通行业的人才体系建设，保证其配合低碳发展良性运行。

（二）优化低碳发展人才机制

从缓解人才供需矛盾入手，优化集团的低碳发展人才供需结构，以人才数量、人才结构、专业种类的持续优化为工作重心，通过运行必要的人才机制、实施配套的技术手段实现人才资源共享。建立高效率、高效益的有效人才激励机制，从效果的角度出发，将激励机制的逻辑内涵化，通过激发创新创业热情来促进人才发挥潜能，进而在推动低碳产品研发的同时，加快低碳成果转化，最终成功实现集团经济社会低碳化。努力抓好低碳发展人才的高效利用、开发利用、综合利用。低碳发展人

---

① 王瑞超，冯沛然. 全国最长智慧高速建成通车，京台高速泰枣段今日通车 [N]. 齐鲁壹点，2021 – 09 – 29.

才体系建设的首要任务是促进现有低碳发展人才的高效利用，坚持以"人才效率优先"为原则，以"人才效益激励"为导向，着力实现集团人才的配置最优和能力利用最大化，杜绝人才资源浪费现象。潜在人才具有分布较广、种类繁多、增值容易等优势，要重视并加速对潜在人才的开发利用，把其视作推进低碳发展人才体系建设的重要内容。低碳发展具有广泛性、多样化的特点，这就需要各类优秀人才来满足要求，因此要从更广泛、更多样的层面上加强相关人才的综合利用，进一步推动集团的低碳发展。

（三）人才发展与低碳发展深层融合

时刻把握低碳发展与人才发展的深层融合着力点，借助并发挥低碳发展人才的关键作用，加速改变以高碳消耗为基石的原有经济发展模式。集团目前的低碳发展人才还较为匮乏，采用的核心低碳技术部分仍借鉴于其他区域，低碳发展还处于比较明显的被动局面。因此，要加大对低碳技术人才的扶持力度，充分发挥人才对低碳发展的纽带效应，让人才发展真正做到与低碳发展深层融合，吸引更多优秀人才进入低碳发展领域。低碳发展的较量背后实际上是人才的较量，集团要带头积极克服低碳发展在"人才短板"方面的障碍，以推动低碳发展人才体系建设为契机，逐渐形成一定的低碳发展竞争力，打破受制于低碳技术和低碳发展人才体系建设滞后的局面，重新构建有利于低碳发展人才均等化、多样化发展的环境，完善低碳发展人才服务，通过鼓励低碳发展人才之间相互竞争来提高低碳发展效率，进一步提升人才效益，推动集团实现高效、可持续的低碳发展。

六、全面部署低碳投融资体系建设

在低碳经济时代，为了实现节能减排目标，企业必须采用新能源、新技术来不断取代原先落后的、高污染的生产设备和技术，这就要求企业必须持续增加这方面的资金投入。要真正实现经济转型升级，发展低碳经济，需要有持久、大量的资金投入，因此企业融资需求很大，并且资金使用期限很长，这就需要企业具有新的融资战略思维，以满足企业低碳发展对资金的需求。

（一）善用政府政策融资

近年来环境保护被提升到前所未有的高度，并释放了强烈的关注环境保护、节能减排的信号。我国推行节能减排已经到了关键时刻，政府要加快转变经济发展方式，开创科学发展局面，在未来一段时间必然会加大对这方面的投入。集团应该把握住各种机会，充分利用国家针对低碳经济出台的各种优惠政策进行融资（如吸收国家财政直接投入的资金、享受金融机构给予的优惠贷款条件等），选择资本成本更低、融资效益更高的融资渠道和融资方式进行融资。

（二）谨慎选择负债融资

目前，我国的低碳产业处于起步阶段，需要大量技术投入与资金投入，风险较高，收益具有很大的不确定性，因此集团选择融资渠道时务必谨慎。债务融资与其他融资方式相比，是一把双刃剑，尽管负债比重的增加会使企业加权平均资本成本降低，企业会获取更多财务杠杆收益，但是企业的低碳项目往往都是具有高风险、高收益特点的，企业的财务风险也会随着负债的增加而变大。所以，在低碳经济时代，企业在制定融资策略时，不能盲目选择负债融资，一定要认真衡量自身的偿债能力，综合权衡风险与收益之后再作出合理抉择。

（三）努力吸引国外低碳资金

世界其他国家对环境也颇为关注，国外的低碳产业发展得较为成熟，很多国家已建立与低碳经济相适应的金融市场体系，因此从国外融资无疑是国内企业融资的一条重要渠道。集团可以加强与国外大企业的合作，争取国外资金的支持。我国企业也可以顺应资本市场证券化的趋势，吸引外资，加快企业的股份制改造，把握机遇，到发达国家金融市场上直接去融资，以解决企业低碳发展的资金需求问题。

（四）重视对低碳资金的使用和监管

低碳资金来之不易，在资金的使用过程中，企业要加强对资金的监管。首先，企业要提高资金利用效率，增加环保科技投入，重视环保科学技术的开发，保证低碳资金真正用于低碳项目，这样才能充分发挥这些资金的应有效益。其次，企业要运用各种手段，定期或不定期抽查资金控制制度的实施情况，通过网络技术实时监督每一笔资金流向，对比分析价格、成本资料，进行实物盘点，以保证资金的安全使用。

七、探索交通行业碳资产管理模式

碳资产是指强制碳排放权交易机制或者自愿排放权交易机制下产生的可以直接或间接影响组织温室气体排放的配额排放权、减排信用额及相关活动。随着"双碳"目标的提出，做好碳资产管理显得越发重要。

（一）成立专门的碳资产管理部门

集团可以成立一个专门的碳资产管理部门，针对企业碳资产开发、碳市场分析、碳配额管理、排放报告编制、质量控制、审核风险控制、碳交易运作等实时跟踪和反馈企业管理过程信息，研究制订相应解决方案。专门的碳资产管理部门可帮助集团内部做好规划，设定合理的碳排放目标，制定适合企业的碳排放策略，根据企业的实际需要储备用于履约的碳排放配额，预测是否需要更多配额或可实现节约的配额，从而更好地安排资金。

（二）建立完善的碳排放管理监测体系

通过查询、检查企业专业部门上报的全部生产活动数据信息以及相关活动记录，监测集团内部关键业务的碳排放情况，实时统计企业碳排放量及碳资产管理情况。再结合所获数据，通过碳资产管理部门进行分析，确定该采取哪种经营策略以及如何管理。基于此，通过碳排放管理监测体系，集团可获取完整的企业碳盘查数据报告，从而保证了碳资产管理过程的可追溯性，完善碳资产管理过程的质控体系，落实相关监管责任。

（三）对涉及碳资产的相关技术（如减排技术、能效技术等）进行管理

集团可开发自愿减排项目，通过在区域范围内优化资源配置，完成现有温室气体控排目标，降低减排成本；开展更多针对节能减排技术或其他促进低碳发展技术的研究，积极主动进行技术创新，为碳资产管理提供相关技术支撑。

（四）对集团内部人员进行碳资产管理相关培训，加强碳资产管理能力

鼓励集团员工积极学习碳资产管理相关知识，支持其考取碳资产管理相关专业技能证书，为集团做好碳资产管理人才队伍储备，为顺利对接全国碳市场，打造安全有序、规范运营的碳交易环境做好准备，减少碳资产管理中的决策失误，提高管理效率，真正盘活碳资产。

八、积极推动交通行业低碳标准制订

广东交通集团目前在构建绿色交通标准体系方面面临的主要任务是：在资源节约利用方面，制、修订新能源车辆蓄电池、沥青路面材料和建筑垃圾循环利用等标准；在节能降碳方面，制、修订营运车辆装备能耗限值准入、新能源和燃料电池营运车辆技术要求、城市轨道交通绿色运

营等标准；在污染防治方面，配合制、修订营运车船、服务区、汽车维修等设施设备污水、废气排放限值等标准；在生态保护方面，制、修订公路等设施的生态保护等标准。

广东交通集团目前在构建绿色交通标准体系方面秉持的基本原则是：

1. 加快低碳标准体系的制订与完善

在有关部门未出台低碳领域标准体系建设方案前，参考《节能标准体系建设方案》，系统规划低碳标准体系框架，增加低碳标准的市场引导，构建与市场协同发展、协调配套的新型标准体系。

2. 低碳标准体系与节能标准体系相协调

低碳和节能是从两个不同角度对交通行业进行评价，两者既有联系也有区别。在降低化石能源消耗、提高能源利用效率、推动可再生能源应用等方面，两者具有一致性。但是在涉及多种能源的选择时，节能和低碳的目标有所不同。低碳标准体系既根植于节能标准体系，又超出了节能所涵盖的范围，低碳标准在形式上与节能标准相一致，在逻辑关系上却自成体系。低碳标准体系为节能标准体系的延伸和拓展，有些低碳标准的指标可以在节能标准中以条文的形式出现，而不是另立标准。

3. 积极探索低碳技术标准的研究

随着氢能冶金、CCS、CCU（碳捕集与利用）等革新技术的开发，低碳技术标准的制订尤为重要。可协助交通行业规范行业可行技术，促进低碳技术的推广应用。

4. 加强低碳标准的全过程管理

交通行业主要负责对低碳标准的制订，但对标准的宣贯、实施及后评价重视不够。标准化工作应由重标准制订向标准宣贯、实施及监督全过程管理转变。注重标准使用效率，提升标准生命力，充分发挥"标准化＋"效应，增强标准化服务能力。

5. 坚持先进标准引领

坚持以技术指标先进的低碳标准引领交通行业低碳发展。先进标准能够促进产业升级和主要领域技术进步，用先进标准引领产业整体技术水平和质量水平提升，对加快实现中国交通产业高质量发展具有重大意义。

九、完善绿色交通监管体系

根据国际碳核算权威标准确立集团碳核算方法和流程，逐步建立和完善碳排放数据收集、分析、汇报和验证的体系，做好碳排放基础数据的收集、分析。完善绿色交通统计体系，推进公路、城市客运等能耗、碳排放及污染物排放数据采集。鼓励统筹既有监测能力，利用在线监测系统及大数据技术，建设监测评估系统。

结合国家能源消费总量和强度目标"双控"考核、交通运输综合督查等，完善评估考核方案及管理制度，重点针对碳达峰工作以及优化运输结构、新能源运输装备、绿色出行等重点任务推进情况开展检查与评估。依托交通运输行业信用体系建设，强化绿色交通监管能力。适时向政府、投资者及商业伙伴、媒体等利益相关方披露碳排放情况、碳减排方案和成果，提升碳信息透明度，塑造低碳时代负责任的企业形象。研究制定集团碳管理框架，提出明确的碳管理战略并有效融入企业管理，促进碳管理在集团内部的良性发展，将企业的碳管理经验在内部和外部予以推广，增强企业在低碳发展中的社会影响力。

十、培养全员低碳发展意识

从我国国情来看，低碳经济是未来经济发展的必然选择，对企业发展至关重要，但低碳发展意识的形成与付诸实践仍面临许多困难和挑战。为此，集团要从从业人员和社会公众两个方面培养全员低碳发展意识。

首先，针对各级交通运输主管部门和从业人员，集团要及时抓住低碳经济发展的战略机遇，加大全员低碳知识技术的普及力度。将气候变化和发展低碳经济问题战略化，并正确合理地将科普工作与运营管理的决策相融合，进而提高企业资源环境的利用效率，最终获取更高的经济效益和国际、国内市场竞争力，实现企业的低碳经济转型，加快构建和形成企业发展低碳经济的战略规划，顺应低碳经济的发展要求。定期组织开展绿色交通相关培训，使得全体员工充分把握低碳经济发展趋势，明确集团实施低碳经济发展的意义，上下一心紧抓低碳经济发展机遇，提高绿色交通工作能力和水平。

其次，持续开展绿色交通宣传教育，引导全行业提升生态文明理念，形成全社会共同关心、支持和参与交通运输绿色发展的合力。结合世界环境日、节能宣传周、科技活动周、绿色出行宣传月和公交出行宣传周等开展绿色交通宣传。要倡导简约适度、绿色低碳、文明健康的生活方式，引导绿色低碳消费，鼓励绿色出行，开展绿色低碳社会行动示范创建，增强全民节约意识、生态环保意识。

附录一 CO₂排放量计算相关数据汇总附表

序号	附表名称
附表 1	常见化石燃料特性参数缺省值
附表 2	竹林、经济林、灌木林平均单位面积生物量
附表 3	废弃物焚烧处理排放因子及来源
附表 4	2012 年中国区域电网 CO_2 排放因子平均值
附表 5	惠清高速公路路面设施化石燃料燃烧 CO_2 排放量计算表
附表 6	惠清高速公路路面设施外购电力 CO_2 排放量计算表
附表 7	惠清高速公路路面沿线树木产生碳汇量计算表
附表 8	惠清高速公路收费站化石燃料燃烧 CO_2 排放量计算表
附表 9	惠清高速公路收费站外购电力 CO_2 排放量计算表
附表 10	惠清高速公路服务区化石燃料燃烧 CO_2 排放量计算表
附表 11	惠清高速公路服务区废弃物处理 CO_2 排放量计算表
附表 12	惠清高速公路服务区外购电力 CO_2 排放量计算表
附表 13	惠清高速公路路面养护化石燃料燃烧 CO_2 排放量计算表
附表 14	惠清高速公路路面养护工业生产过程 CO_2 排放量计算表
附表 15	惠清高速公路管理中心化石燃料燃烧 CO_2 排放量计算表
附表 16	惠清高速公路管理中心外购电力 CO_2 排放量计算表

（续上表）

序号	附表名称
附表 17	惠清高速公路运营业务 CO_2 排放量计算表
附表 18	ETC 节能减排情况计算表
附表 19	基于辅助方法 1——单位运输周转量能耗计算法得到的城市公交业务化石燃料消耗量计算表
附表 20	基于辅助方法 1——单位运输周转量能耗计算法得到的农村公交、定制班线业务化石燃料消耗量计算表
附表 21	基于辅助方法 2——单位行驶里程能耗计算法得到的网约车、出租车业务化石燃料消耗量计算表
附表 22	采用基本方法与辅助方法计算得到的各类化石燃料消耗量对比表
附表 23	基于基本方法——能耗统计法得到的出行客运服务业务化石燃料燃烧 CO_2 排放量计算表
附表 24	基于辅助方法 1——单位运输周转量能耗计算法得到的城市公交业务化石燃料燃烧 CO_2 排放量计算表
附表 25	基于辅助方法 1——单位运输周转量能耗计算法得到的定制班线和农村公交业务化石燃料燃烧 CO_2 排放量计算表
附表 26	基于辅助方法 2——单位行驶里程能耗计算法得到的网约车、出租车业务化石燃料燃烧 CO_2 排放量计算表
附表 27	基于分车型电力消耗计算法得到的运输车辆电力消耗量计算表
附表 28	粤运交通外购电力 CO_2 排放量计算表

附表 1　常见化石燃料特性参数缺省值

燃料品种		低位发热量		单位热值含碳量/（tC/GJ）	碳氧化率
		缺省值	单位		
固体燃料	无烟煤	24.515	GJ/t	27.49×10^{-3}	94%
	烟煤	23.204	GJ/t	26.18×10^{-3}	93%
	褐煤	14.449	GJ/t	28.00×10^{-3}	96%
	洗精煤	26.344	GJ/t	25.40×10^{-3}	93%
	其他洗煤	15.373	GJ/t	25.40×10^{-3}	90%
	型煤	17.460	GJ/t	33.60×10^{-3}	90%
	焦炭	28.446	GJ/t	29.40×10^{-3}	93%
液体燃料	原油	42.620	GJ/t	20.10×10^{-3}	98%
	燃料油	40.190	GJ/t	21.10×10^{-3}	98%
	汽油	44.800	GJ/t	18.90×10^{-3}	98%
	柴油	43.330	GJ/t	20.20×10^{-3}	98%
	一般煤油	44.750	GJ/t	19.60×10^{-3}	98%
	石油焦	31.000	GJ/t	27.50×10^{-3}	98%
	其他石油制品	40.190	GJ/t	20.00×10^{-3}	98%
	焦油	33.453	GJ/t	22.00×10^{-3}	98%
	粗苯	41.816	GJ/t	22.70×10^{-3}	98%

（续上表）

燃料品种		低位发热量		单位热值含碳量/（tC/GJ）	碳氧化率
		缺省值	单位		
气体燃料	炼厂干气	46.050	GJ/t	18.20×10^{-3}	99%
	液化石油气	47.310	GJ/t	17.20×10^{-3}	99%
	液化天然气	41.868	GJ/t	15.30×10^{-3}	99%
	天然气	389.310	$GJ/10^4 Nm^3$	15.30×10^{-3}	99%
	焦炉煤气	173.854	$GJ/10^4 Nm^3$	13.60×10^{-3}	99%
	高炉煤气	37.690	$GJ/10^4 Nm^3$	70.80×10^{-3}	99%
	转炉煤气	79.540	$GJ/10^4 Nm^3$	49.60×10^{-3}	99%
	密闭电石炉炉气	111.190	$GJ/10^4 Nm^3$	39.51×10^{-3}	99%
	其他煤气	52.340	$GJ/10^4 Nm^3$	12.20×10^{-3}	99%

数据来源：①低位发热量引自《2005 年中国温室气体清单研究》；②单位热值含碳量引自《2006 年 IPCC 国家温室气体清单指南》《省级温室气体清单指南（试行）》；③碳氧化率引自《省级温室气体清单指南（试行）》。

附表 2　竹林、经济林、灌木林平均单位面积生物量

类型	分布	平均单位面积生物量/（吨/公顷）
竹林	地上部	45.92
	地下部	24.64
	全林	68.48

（续上表）

类型	分布	平均单位面积生物量/（吨/公顷）
经济林	地上部	29.35
	地下部	7.55
	全林	35.21
灌木林	地上部	12.51
	地下部	6.72
	全林	17.99

数据来源：《广东省市县（区）级温室气体清单编制指南（试行）》。

附表3　废弃物焚烧处理排放因子及来源

排放因子	简写	范围		推荐值	备注
废弃物碳含量比例	CCW_i	固体废弃物	（湿）33%～35%	20%	据调查和专家判断
		危险废弃物	（湿）95%～1%	1	据专家判断
		污泥	（干）10%～40%	30%	据IPCC指南
矿物碳在碳总量中的比例	FCF_i	固体废弃物	30%～50%	39%	全国平均值
		危险废弃物	90%～100%	90%	据专家判断
		污泥	0	0	生物成因
焚烧效率	EF_i	固体废弃物	95%～99%	95%	据专家判断
		危险废弃物	95%～99.5%	97%	
		污泥	95%	95%	

数据来源：《广东省市县（区）级温室气体清单编制指南（试行）》。

附表 4　2012 年中国区域电网 CO_2 排放因子平均值

区域	CO_2 排放因子平均值/($kgCO_2$/kWh)
华北区域电网	0.884 3
东北区域电网	0.776 9
华东区域电网	0.703 5
华中区域电网	0.525 7
西北区域电网	0.667 1
南方区域电网	0.527 1

数据来源:《广东省市县（区）级温室气体清单编制指南（试行）》。

附表 5　惠清高速公路路面设施化石燃料燃烧 CO_2 排放量计算表

燃料品种	消耗量 FC/t	低位发热量 NCV/（GJ/t）	活动水平 $AD = FC \times NCV$	单位热值含碳量 CC/（tC/GJ）	碳氧化率 OF	排放因子 $EF = CC \times OF \times 44/12$	CO_2 排放量 $= AD \times EF$/tCO_2
柴油	19.637 626 5	43.33	850.898 356	0.020 2	0.98	0.072 585 333	61.76

附表 6　惠清高速公路路面设施外购电力 CO_2 排放量计算表

企业消耗外购电力/kWh	排放因子/($kgCO_2$/kWh)	CO_2 排放量/tCO_2
9 747 210	0.527 1	5 137.75

附表 7　惠清高速公路路面沿线树木产生碳汇量计算表

类型	面积/公顷	碳汇因子/（tCO₂/公顷）	森林生物量生长碳吸收/tCO₂
绿地	229.8	0.07	16.09

附表 8　惠清高速公路收费站化石燃料燃烧 CO_2 排放量计算表

燃料品种	消耗量 FC/t	低位发热量 $NCV/$（GJ/t）	活动水平 $AD = FC \times NCV$	单位热值含碳量 $CC/$（tC/GJ）	碳氧化率 OF	排放因子 $EF = CC \times OF \times 44/12$（tC/GJ）	CO_2 排放量 $= AD \times EF/$tCO₂
柴油	1 915.91	43.33	83 016.39	0.020 2	0.98	0.072 585 333	6 025.77
汽油	1 020.35	44.8	45 711.68	0.018 9	0.98	0.067 914	3 104.46
总计							9 130.23

附表 9　惠清高速公路收费站外购电力 CO_2 排放量计算表

企业消耗外购电力/kWh	排放因子/（kgCO₂/kWh）	CO_2 排放量/tCO₂
3 341 106.6	0.527 1	1 761.1

附表 10　惠清高速公路服务区化石燃料燃烧 CO_2 排放量计算表

燃料品种	消耗量 FC/t	低位发热量 $NCV/$（GJ/t）	活动水平 $AD = FC \times NCV$	单位热值含碳量 $CC/$（tC/GJ）	碳氧化率 OF	排放因子 $EF = CC \times OF \times 44/12$（tC/GJ）	CO_2 排放量 $= AD \times EF/$tCO₂
柴油	0.34	43.33	14.732 2	0.020 2	0.98	0.072 585 333	1.07

附表 11　惠清高速公路服务区废弃物处理 CO_2 排放量计算表

类型	焚烧量/t	废弃物碳含量/%	矿物碳在碳总量中的比例/%	焚烧效率/%	CO_2与碳分子量比	CO_2排放量/tCO_2
固体废弃物	0	20	39	95	44/12	0
危险废弃物	0	1	90	97	44/12	0
污泥	0	30	0	95	44/12	0

附表 12　惠清高速公路服务区外购电力 CO_2 排放量计算表

企业消耗外购电力/kWh	排放因子/(kgCO_2/kWh)	CO_2排放量/tCO_2
2 801 982	0.527 1	1 476.92

附表 13　惠清高速公路路面养护化石燃料燃烧 CO_2 排放量计算表

燃料品种	消耗量 FC/t	低位发热量 NCV/(GJ/t)	活动水平 $AD = FC \times NCV$	单位热值含碳量 CC/(tC/GJ)	碳氧化率 OF	排放因子 $EF = CC \times OF \times 44/12$ (tC/GJ)	CO_2排放量 $= AD \times EF$/tCO_2
汽油	9.13	44.8	409.024	0.018 9	0.98	0.067 914	27.78
柴油	102.85	43.33	4 456.490 5	0.020 2	0.98	0.072 585 333	323.48
合计							351.26

附表 14　惠清高速公路路面养护工业生产过程 CO$_2$ 排放量计算表

材料	消耗量/t	排放因子	CO$_2$ 排放量/tCO$_2$
钢铁	0	1.22	0
水泥	0	1	0
石灰石	0	0.683	0

附表 15　惠清高速公路管理中心化石燃料燃烧 CO$_2$ 排放量计算表

燃料品种	消耗量 FC/t	低位发热量 NCV/（GJ/t）	活动水平 $AD = FC \times NCV$	单位热值含碳量 CC/（tC/GJ）	碳氧化率 OF	排放因子 $EF = CC \times OF \times 44/12$（tC/GJ）	CO$_2$ 排放量 = $AD \times EF$/tCO$_2$
柴油	0.85	43.33	36.830 5	0.020 2	0.98	0.072 585 333	2.67

附表 16　惠清高速公路管理中心外购电力 CO$_2$ 排放量计算表

企业消耗外购电力/kWh	排放因子/（kgCO$_2$/kWh）	CO$_2$ 排放量/tCO$_2$
2 122 070.4	0.527 1	1 118.54

附表 17　惠清高速公路运营业务 CO$_2$ 排放量计算表

类型	化石燃料燃烧/tCO$_2$	外购电力/tCO$_2$	森林碳汇/tCO$_2$	废弃物处理/tCO$_2$	工业生产/tCO$_2$	总计/tCO$_2$	百分比/%
路面设施	61.76	5 137.75	16.09	—	—	5 183.42	27.25

（续上表）

类型	化石燃料燃烧/tCO$_2$	外购电力/tCO$_2$	森林碳汇/tCO$_2$	废弃物处理/tCO$_2$	工业生产/tCO$_2$	总计/tCO$_2$	百分比/%
收费站	91 30.23	1 761.1	—	—	—	10 891.33	57.25
服务区	1.07	1 476.92	—	0	—	1 477.99	7.77
路面养护	351.26	0	—	0	0	351.26	1.84
管理中心	2.67	1 118.54	0	—	0	1 121.21	5.89
总计	9 546.99	9 494.31	16.09	0	0	19 025.21	100.00

附表 18　ETC 节能减排情况计算表

类型	CO$_2$排放量 $= AD \times EF$/tCO$_2$	ETC 减排
MTC – 大客车	83.44	—
MTC – 小客车	2 090.91	—
MTC – 货车	3 588.41	—
ETC – 大客车	21.55	74.17%
ETC – 小客车	1 013.54	51.53%
ETC – 货车	2 307.54	35.69%

附表 19　基于辅助方法 1——单位运输周转量能耗计算法得到的城市

公交业务化石燃料消耗量计算表

燃料品种	车型（米段）	车辆数/辆	总旅客周转量/千人公里	单位旅客周转量燃料消耗量/（千克/千人公里）	化石燃料消耗量/吨
LNG（液化天然气）	$L \leq 6$ 米	18	5 806	5.17	30.017 0
	6 米 $< L \leq 9$ 米	350	112 900	9.46	1 068.034
	9 米 $< L \leq 12$ 米	161	51 934	13.79	716.169 86
柴油	$L \leq 6$ 米	65	20 967	19.13	401.098 71
	6 米 $< L \leq 9$ 米	384	123 868	31.71	3 927.854 28
	9 米 $< L \leq 12$ 米	30	9 677	34.62	335.017 74
插电式混合动力消耗的 LNG	9 米 $< L \leq 12$ 米	33	10 644	51.95	552.955 8
总计		1 041			7 031.15

附表 20　基于辅助方法 1——单位运输周转量能耗计算法得到的农村公交、

定制班线业务化石燃料消耗量计算表

燃料品种	车型（米段）	车辆数/辆	总旅客周转量/千人公里	单位旅客周转量燃料消耗量/（千克/千人公里）	化石燃料消耗量/吨
汽油	$L \leq 6$ 米	530	182 671	2.96	540.706 16

（续上表）

燃料品种	车型（米段）	车辆数/辆	总旅客周转量/千人公里	单位旅客周转量燃料消耗量/（千克/千人公里）	化石燃料消耗量/吨
LNG（液化天然气）	6 米 < L ≤ 9 米	13	8 961	8.93	80.021 73
	9 米 < L ≤ 12 米	182	125 458	16.14	2 024.892 12
柴油	L ≤ 6 米	348	258 813	7.29	1 886.746 77
	6 米 < L ≤ 9 米	1 117	830 731	9.71	8 066.398 01
	9 米 < L ≤ 12 米	1 795	1 334 971	19.73	26 338.977 83
总计		3 985			38 937.742 62

附表 21　基于辅助方法 2——单位行驶里程能耗计算法得到的网约车、
出租车业务化石燃料消耗量计算表

燃料类型	车型（米段）	车辆数/辆	总行驶里程/公里	百公里燃油（气）量	化石燃料密度	化石燃料消耗量/吨
汽油	L ≤ 6 米	101	4 477 465	9.7 升/百公里	0.73 g/mL	317.05
CNG（压缩天然气）	L ≤ 6 米	71	2 366 933	7.0 千克/百公里	0.72 kg/Nm³	165.69
柴油	L ≤ 6 米	2	21 683	14.5 升/百公里	0.84 g/mL	2.64
总计		174				485.38

附表22 采用基本方法与辅助方法计算得到的各类化石燃料消耗量对比表

燃料品种	采用辅助方法计算得到的净消耗量/吨	采用基本方法计算得到的净消耗量/吨	差异
柴油	40 958.73	40 966	0.02%
CNG（压缩天然气）	165.69	166	0.19%
汽油	857.76	857	0.09%
LNG（液化天然气）	4 472.09	4 472	0
总计	46 454.27	46 461	0.01%

注：差异百分比保留两位小数。

附表23 基于基本方法——能耗统计法得到的出行客运服务业务
化石燃料燃烧 CO_2 排放量计算表

燃料品种	消耗量 FC/t	低位发热量 $NCV/$（GJ/t）	活动水平 $AD = FC \times NCV$	单位热值含碳量 $CC/$（tC/GJ）	碳氧化率 OF	排放因子 $EF = CC \times OF \times 44/12$（tC/GJ）	CO_2 排放量 $= AD \times EF/$ tCO_2
汽油	857 t	44.8	38 393.6	0.018 9	0.98	0.067 914	2 607.47
柴油	40 966 t	43.33	1 775 056.78	0.020 2	0.98	0.072 585 333	128 843.09
CNG（压缩天然气）	166 t（230 740 Nm³）	389.31	8 982.94	0.015 3	0.99	0.055 539	498.90
LNG（液化天然气）	4 472 t	41.868	187 233.696	0.015 3	0.99	0.055 539	10 398.77
合计	46 461 t						142 348.23

附表24　基于辅助方法1——单位运输周转量能耗计算法得到的城市公交业务化石燃料燃烧 CO_2 排放量计算表

燃料品种	车型（米段）	车辆数/辆	总旅客周转量/千人公里	单位旅客周转量燃料消耗量/（千克/千人公里）	消耗量 FC/t	低位发热量 NCV/（GJ/t）	活动水平 $AD=FC \times NCV$	单位热值含碳量 CC/（tC/GJ）	碳氧化率 OF	排放因子 $EF=CC \times OF \times 44/12$（tC/GJ）	CO_2 排放量 $=AD \times EF$/tCO_2
LNG（液化天然气）	$L \leqslant 6$ 米	18	5 806	5.17	30.017 02	41.868	1 256.752 593	0.015 3	0.99	0.055 539	69.79 878
	6 米 $<L \leqslant 9$ 米	350	112 900	9.46	1 068.034	41.868	44 716.447 51	0.015 3	0.99	0.055 539	2 483.507
	9 米 $<L \leqslant 12$ 米	161	51 934	13.79	716.169 86	41.868	29 984.599 7	0.015 3	0.99	0.055 539	1 665.315
柴油	$L \leqslant 6$ 米	65	20 967	19.13	401.098 71	43.33	17 379.607 1	0.020 2	0.98	0.072 585	1 261.499
	6 米 $<L \leqslant 9$ 米	384	123 868	31.71	3 927.854 28	43.33	170 193.926	0.020 2	0.98	0.072 585	12 353.53
	9 米 $<L \leqslant 12$ 米	30	9 677	34.62	335.017 74	43.33	14 516.318 67	0.020 2	0.98	0.072 585	1 053.667
混合动力消耗的 LNG	9 米 $<L \leqslant 12$ 米	33	10 644	51.95	552.955 8	41.868	23 151.153 43	0.015 3	0.99	0.055 539	1 285.792
总计		1 041			7 031.15						20 173.11

附表 25　基于辅助方法 1——单位运输周转量能耗计算法得到的定制班线和农村公交业务化石燃料燃烧 CO_2 排放量计算表

燃料品种	车型（米段）	车辆数/辆	总旅客周转量/千人公里	单位旅客周转量燃料消耗量/（千克/千人公里）	消耗量 FC/t	低位发热量 NCV/（GJ/t）	活动水平 $AD=FC \times NCV$	单位热值含碳量 CC/（tC/GJ）	碳氧化率 OF	排放因子 $EF=CC \times OF \times 44/12$ (tC/GJ)	CO_2 排放量 $=AD \times EF$ tCO_2
汽油	L≤6米	530	182 671	2.96	540.706 16	44.8	24 223.635 97	0.018 9	0.98	0.067 914	1 645.124
LNG（液化天然气）	6米<L≤9米	13	8 961	8.93	80.021 73	41.868	3 350.349 792	0.015 3	0.99	0.055 539	186.075 1
	9米<L≤12米	182	125 458	16.14	2 024.892 12	41.868	84 778.183 28	0.015 3	0.99	0.055 539	4 708.496
柴油	L≤6米	348	258 813	7.29	1 886.746 77	43.33	81 752.737 54	0.020 2	0.98	0.072 585	5 934.022
	6米<L≤9米	1 117	830 731	9.71	8 066.398 01	43.33	349 517.025 8	0.020 2	0.98	0.072 585	25 369.693
	9米<L≤12米	1 795	1 334 971	19.73	26 338.977 83	43.33	1 141 267.909	0.020 2	0.98	0.072 585	82 838.931
合计		3 985			38 937.742 62						120 682.34

附表 26　基于辅助方法 2——单位行驶里程能耗计算法得到的网约车、出租车业务化石燃料燃烧 CO_2 排放量计算表

燃料品种	车型（米段）	车辆数/辆	总行驶里程/公里	百公里燃油（气）量	化石燃料密度	消耗量 FC/t	低位发热量 NCV（GJ/t）	活动水平 $AD=FC\times NCV$	单位热值含碳量 CC（tC/GJ）	碳氧化率 OF	排放因子 $EF=CC\times OF\times 44/12$（tC/GJ）	CO_2 排放量 $=AD\times EF/$ tCO_2
汽油	$L\leqslant 6$ 米	101	4 477 465	9.7 升/百公里	0.73 g/mL	317.05	44.8	14 203.84	0.018 9	0.98	0.067 914	964.640
CNG（压缩天然气）	$L\leqslant 6$ 米	71	2 366 933	7.0 千克/百公里	0.72 kg/Nm³	165.69（230 309.1 Nm³）	389.31	8 966.16	0.015 3	0.99	0.055 539	497.972
柴油	$L\leqslant 6$ 米	2	21 683	14.5 升/百公里	0.84 g/mL	2.64	43.33	114.39	0.0202	0.98	0.072 585 333	8.303
总计		174				485.38						1 470.915

附表 27　基于分车型电力消耗计算法得到的运输车辆电力消耗量计算表

业务类型	车型（米段）	车辆数/辆	总旅客周转量（总行驶里程）	单位能耗	消耗电量/kWh
网约车、出租车	$L\leq6$ 米	46	1 881 930 公里	14 kWh/百公里	263 470.2
城市公交	$L\leq6$ 米	18	5 806 千人公里	37.49 kWh/千人公里	217 666.94
	6 米 $<L\leq9$ 米	4 104	1 323 839 千人公里	78.73 kWh/千人公里	104 225 844.5
	9 米 $<L\leq12$ 米	620	199 995 千人公里	86.34 kWh/千人公里	17 267 568.3
班车、农村客运	$L\leq6$ 米	8	5 515 千人公里	25.6 kWh/千人公里	141 184
	6 米 $<L\leq9$ 米	26	17 923 千人公里	36.12 kWh/千人公里	647 378.76
总计		4 822			122 763 113

附表 28　粤运交通外购电力 CO_2 排放量计算表

排放源	电力消耗量/MWh	排放因子/（kgCO₂/kWh）	CO₂排放量/tCO₂
客运站	93 711	0.527 1	49 395.07
智能充电站	122 619		64 632.47
总计	216 330		114 027.54

附录二 碳达峰、碳中和典型案例

科技创新助 "双碳" 绿色公路减排放

——广东惠清高速碳达峰、碳中和典型案例

一、基本情况

汕（头）湛（江）高速公路惠州至清远段（以下简称"惠清高速"）位于广东省中部地区，自东向西依次途经惠州、广州、清远等三市五县（区），全长125.3公里。自建设以来，惠清高速获得多项殊荣，包括交通运输部授予的"第二批绿色公路建设典型示范工程""科技示范工程""品质工程攻关行动'两区三厂'施工安全标准化试点"，广东省交通运输厅授予的"交通科技示范工程"和广东省林业厅授予的"高速公路生态景观林带"等。惠清高速沿线穿越几十个风景名胜区、自然保护区、生态严控区和森林公园，自然环境优美，环境保护压力大。交通运输部门的碳排放量是我国碳排放的主要来源之一，仅次于能源（发电）产业，其中高速公路运输又是交通行业二氧化碳排放的绝对主力。如何在高速公路建设和运营中降低能耗、减少碳排放，助力我国"2030年前实现碳达峰、2060年前实现碳中和"目标，对于我国应对气候变化具有显著的必要性。同时，节能减排有助提升高速公路科技水平、淘汰落后设备、提高劳动效率、降低建造成本、创造经济价值、提升社会影响力，对高速公路建设与运营顺应时代发展具有积极的现实意义。

在习近平新时代中国特色社会主义思想指引下，聚焦公路行业实现碳达峰和深度减排面临的重大挑战和重点任务，惠清高速自勘察设计始就提出了"科技创新助双碳，绿色公路减排放"的建设思路，围绕统筹资源与节约利用、低碳环保与生态保护、安全耐久与绿色施工、智慧创新与服务共享、标准规范与制度管理五大方面，全方位推进绿色低碳公路建设，以"三大示范工程"为抓手，开展 17 项科技攻关项目（详见表1），采用多项降低碳排放、避免碳排放、移除碳排放的新型技术和设备，切切实实践行碳达峰、碳中和目标，引领高速公路绿色低碳建设与运营新潮流。

表 1　惠清高速 17 项科技攻关项目一览表

1 个重大专项	5 类专项	17 个攻关课题
广东省生态敏感山区高速公路绿色建设关键技术研究	岭南山区绿色公路评价标准体系研究	华南山区绿色公路建设技术体系和标准
		亚热带山区公路生态选线理论和技术方法研究
		生态敏感区公路污水低能耗处理关键技术研究
		公路生态式声屏障建造技术研究
		亚热带山区高速公路高陡边坡生态修复和景观融合技术研究
		广东省高速公路工程施工安全防护标准化研究
		交通运输部"两区三厂"施工安全标准化研究
	绿色隧道成套建设	典型光环境公路隧道节能关键技术研究
		惠清高速公路隧道绿色建设成套技术研究
		大断面隧道施工安全便携式实时预警技术及监管体系研究
	新型桥梁建造技术攻关	钢－UHPC 装配式轻型组合梁桥设计施工关键技术研究
		基于 SAP 内养护的桥梁隧道混凝土抗裂性能研究
		隧道路面绿色修筑关键技术研究

（续上表）

1 个重大专项	5 类专项	17 个攻关课题
广东省生态敏感山区高速公路绿色建设关键技术研究	路面绿色新结构与材料研发与应用	安全与节能沥青路面关键技术研究
		惠清高速建设一体化系统研发与应用
	智慧公路攻关技术研究	基于无人机技术的高速公路建设智能化管理及监测技术的研究与应用
		桥隧密集群山区高速公路交通运行安全状态辨识与预警预报技术研究

为推动"双碳"目标切实落地，惠清高速推广应用了包括生态敏感区桥隧绿色建造技术、高速公路低碳智慧建设运营管理技术、高温多雨地区绿色路面建造技术、复杂通行条件下交通安全保障技术 4 类共 23 项技术（详见表 2），使用隧道掘进水压爆破、沥青拌和站油改气等 10 项新装备，先行先试矩形墩一体化施工平台、桥面装配式护栏等 12 类现场安全防护标准化设施，积极开展钢筋笼滚丝工艺、栈桥台车自动液压行走等 104 项施工微创新技术，建立一体化综合管理平台，力争实现科技攻关和集成创新取得重大突破。建设期共减少碳排放 5 万多吨，运营期可每年减碳近 3 万吨，绿色植被可每年固碳 70 多万吨，实现资源集约利用率达 100%、生态环境修复率达 100%。

表 2　惠清高速 23 项推广应用项目一览表

类别	推广应用项目
生态敏感区桥隧绿色建造技术	基于环保理念的山区公路隧道进洞技术
	隧道洞渣全方位综合利用技术

（续上表）

类别	推广应用项目
生态敏感区桥隧绿色建造技术	隧道掘进水压爆破施工技术
	隧道绿色低碱湿喷混凝土技术
	清水自密实混凝土在隧道衬砌中的应用
	活性粉末混凝土在隧道边沟盖板中的应用
	桥面径流收集处理与监测预警系统
	表土资源保护利用
高速公路低碳智慧建设运营管理技术	高速公路建设管理一体化信息平台
	基于 BIM 的高速公路施工管理信息化技术
	绿色服务区建设技术
	绿色公路健康、安全、环保（HSE）一体化管理体系应用
	高速公路建设管理"永临结合"理念综合应用
高温多雨地区绿色路面建造技术	耐久型排水沥青路面修筑技术
	路面径流净化技术
	机械发泡温拌沥青混合料技术
	振动拌和水稳碎石抗裂技术
	沥青混合料 GTM 法设计技术
复杂通行条件下交通安全保障技术	基于无缝防护理念下的新型防撞护栏在高速公路中的应用
	隧道洞口路面抗滑技术
	恶劣气候条件下公路行车安全智能诱导系统
	低能见度条件下新型交通安全标志标线推广应用
	隧道零能耗高效行车警示设施集成应用技术

二、具体方案

为落实碳减排目标，惠清高速推广应用了多项碳减排技术，下面将对生态敏感区隧道洞渣全方位综合利用技术、表土资源保护利用、隧道零能耗高效行车警示设施集成应用技术、长大公路隧道智能通风控制技术以及隧道与沿线设施运营节能照明这五个碳减排技术方案进行重点介绍。

1. 生态敏感区隧道洞渣全方位综合利用技术

惠清高速沿线分布多处自然保护区和生态严控区，弃渣场位置选择困难；沿线石场较少，高质量的碎石缺口较大。合理利用隧道洞渣进行路基填筑、碎石和机制砂加工可以有效解决弃渣问题，并缓解碎石供应短缺的压力，彻底变废为宝，在节能减排、减少弃渣占地、降低山区高速公路建设成本、保护生态敏感区环境等方面起到了重要作用。

惠清高速开展生态敏感区隧道洞渣全方位综合利用技术应用，基于节约资源、保护环境的理念，针对广东地区独有的湿热气候和地质条件，借鉴国内外研究与应用成果，从隧道石渣性能测试与分类筛选出发，提出合理的隧道石渣加工工艺与质量控制指标，确定水泥稳定石渣基层、石渣垫层、机制砂混凝土和石渣路基的设计方法与施工关键技术，实现隧道石渣在水泥混凝土和路面结构中"自上而下"的综合利用。

根据前期地勘资料，综合考虑各隧道洞渣的利用，本技术方案在全线规划了3处碎石加工场地，分别位于：①T5标南昆山隧道出口与桥头隧道进口之间。②T6标长山埔1#隧道进口。③T18标太和洞隧道出口端。洞渣碎石全部用于路面工程的垫层、底基层及基层建筑。

2. 表土资源保护利用

惠清高速从前期招标阶段就统筹规划，根据合同协议书和施工图纸，施工单位在清表时须集中堆放种植土。对沿线可利用的地表耕植土集中堆放，以便于施工后期为中央分隔带、互通立交区、沿线附属区（集中居住区、管理中心、服务区）、边坡绿化等提供绿化土源。表土集中堆放是实现资源循环利用、低碳节约的有效手段，具体措施如下：

（1）低丘陵区挖方段：表土剥离厚度20~30 cm，就近堆放，控制在可行的运距范围内。按堆土高2~3 m估算堆土占地面积，采用编织土袋进行拦挡，用土工布或彩条布临时覆盖。

（2）路基填方段：表土剥离厚度20~30 cm，临时堆于填方路基坡脚与征地红线之间的平地。堆高2~3 m，用土工布或彩条布覆盖。土堆坡脚用编织土袋临时防护。

（3）沿线设施区（如服务区、集中居住区等）：表土剥离厚度20~30 cm，就近堆放，控制在可行的运距范围内。表土堆放放坡比例控制在1∶1.5以内，做好拦挡和临时防护。表土堆放场设置示意图见图1。

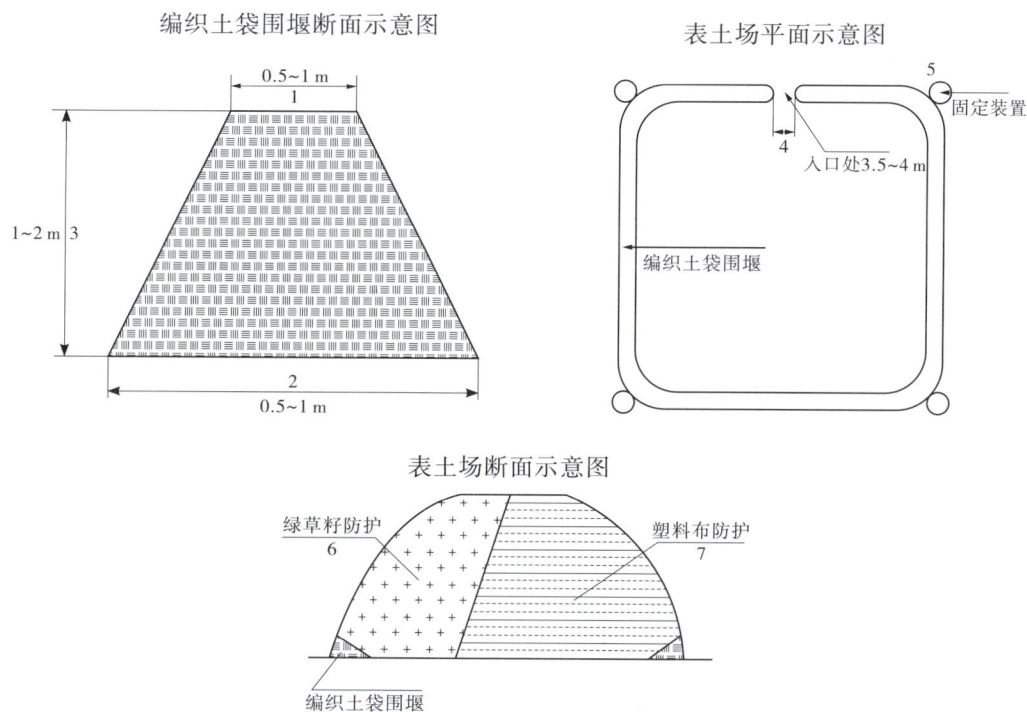

图 1 表土堆放场设置示意图

3. 隧道零能耗高效行车警示设施集成应用技术

多功能蓄能发光涂料可以有效消除隧道进出口的"黑洞""盲光"现象，一方面可提高隧道内照明均匀度，另一方面可增光增亮，其在 LED 灯、高压钠灯、无极灯、日光灯、白炽灯、节能灯和太阳光等不同光源的照射下，依次增光增亮率为 25% ~ 160% 不等。

隧道被动反光环的设置可增加隧道辨识度，帮助驾驶员判断隧道宽度，起到减缓视觉及精神疲劳的作用。同时，隧道内边界轮廓清晰，可帮助驾驶员适应隧道内外的强光反差，解决进出隧道时因明暗反差导致的瞬间"失明"问题，起到警示和导向效果。

惠清高速全线隧道集成应用了多功能蓄能发光涂料及隧道被动反光环，减少了照明灯用量，节约照明能量达 25%，同时提升了隧道内行车安全性，减少了事故的发生。具体实施情况如下：①在长山埔 1 号隧道、长山埔 2 号隧道中涂刷多功能蓄能发光涂料。②在南昆山隧道、太和洞隧道、长山埔 1 号隧道、长山埔 2 号隧道、赤岭隧道中设置被动反光环，第一道反光环设置于隧道入口进洞 20 米处，每隔 200 米等间距设置一道。

4. 长大公路隧道智能通风控制技术

通风是隧道运营中的"耗能大户"，用电容量大部分是风机用电容量，因此实施隧道通风智能控制将会带来巨大的节能效果。目前，国内大多数隧道仅以一氧化碳（CO）浓度和能见度作为通风控制指标，采用直接控制法进行通风控制。但从实际使用效果来看，主要存在以下问题：①通风控制参数选取不合理。②控制工况不合理。③控制模型智能化水平低，没有考虑交通量的发展趋势是增加还是减少。

隧道智能通风控制采用混合型通风控制方式，在环境检测设备工作正常时，其检测值既可作为控制指标依据之一，又可作为根据实时交通量计算的排污量中车辆类型的总体修正系数；在环境检测设备失灵时，以该总体修正系数作为依据预测交通量并计算排污量参数，根据交通的发展变化趋势，应用前馈式宏观间接模糊通风控制模型进行通风控制；

当每日交通量较为固定或柴油车混入率变化较小时，不考虑 VI、CO 浓度及交通量的变化情况，而是按时间区间（如白昼与夜晚、节日与平时等）预先编成程序来控制风机运转。

隧道内每组风机对应一个风机开关柜，采用软启动器启动控制，可实现平滑启动、正转、反转或停转，控制柜与隧道洞口变电所内的 RTU（远程终端单元）相连。根据智能通风控制系统的要求，结合隧道实时运营交通状态及发展变化，通过控制风机开启台数，保障隧道内良好的环境质量，实现延长风机使用寿命与节能的目的。根据相关资料，节电率预计可达 20% ~ 30%。具体实施情况如下：在南昆山隧道和八片山隧道均推广应用了大纵坡超长公路隧道纵向通风技术。主要通过优化设计，安装 30 kW 射流风机替代传统方案中常用的 37 kW 风机，同时通过基于 CO/VI 检测的前馈智控，降低风机运转启停比例，实现风机控制容量进一步降低，以节约隧道通风能耗。两座隧道共计安装 30 kW 射流风机 100 台，安装 CO/VI 检测器和测控执行器各 50 套、波长敏感探测器（WS）和测控执行器各 38 套。

5. 隧道与沿线设施运营节能照明

LED 灯作为新型光源，具有寿命长、发光效率高、启动时间短、工作电压低、重量轻等优点，与高压钠灯相比，节电率可达 60% 以上，节能效果显著。

惠清高速在运营期的照明采用了节能技术，隧道、沿线设施、互通立交、收费站和服务区外场等全部采用 LED 灯替代高压钠灯等传统光源，全面降低电耗，为绿色低碳公路建设提供强力支撑，具体实施情况如下：

（1）全线隧道采用不同功率的 LED 灯替代传统的高压钠灯。

（2）互通立交照明高杆灯采用 LED 灯替代高压钠灯。

（3）管理中心、服务区、停车区、集中居住区高杆灯采用 LED 灯替代高压钠灯，庭院灯采用 LED 灯替代荧光灯，室内照明采用 LED 灯替代荧光灯。

（4）收费站棚顶照明采用 LED 灯替代荧光灯，室内照明采用 LED 灯替代荧光灯。

三、应用成效

1. 生态敏感区隧道洞渣全方位综合利用技术

惠清高速在全线隧道建设中实施了弃渣利用技术。全线隧道出渣 528.437 5 万立方米，就近用于填筑路基 57.882 6 万立方米，用于临近沟谷地形填沟造地 470.554 9 万立方米。隧道洞渣加工处理厂如图 2 所示。经合计，惠清高速隧道洞渣利用率达 100%，有效减少隧道洞渣堆放场地近 700 亩，节约建设成本 2.6 亿元，具体工程量见表 3。

图 2　隧道洞渣加工处理厂

表 3　隧道弃渣利用统计表

开挖方量/m³			填筑路基		填沟造地		合计/m³	利用率
右线	左线	合计	利用量/m³	利用位置	利用量/m³	利用位置		
2 678 239	2 606 136	5 284 375	578 826	主线路基	4 705 549	弃土场	5 284 375	100%

对全线隧道出渣采用就近填筑路基和就近填沟造地的利用方式,隧道弃渣填筑再生用地约 700 亩,极大缓解了公路建设永临占地和地方建设用地需求。同时,因弃渣就近利用,极大减少土方运距,从而减少了施工土方车辆油耗。根据预算定额,按工地常使用的 20 吨自卸车 1 000 m³ 土方运输 1 km 需要 4.27 个台班,该车型台班柴油消耗 77.11 kg,则土方运输柴油消耗平均值为 0.329 6 kg/(m³·km)。根据隧道弃渣利用就近填沟造地方案,23#场地直线运距最长、运距为 2 km,若弃渣不采用就近利用方式,其平均运距将大于 2 km。按弃渣外运平均运距 5 km 计算,全线弃渣就近填筑路基和就近填沟造地的综合利用方案油耗约为 455.73 吨,全部弃渣外运(平均运距 5 km)的油耗约为 8 708.65 吨,则本项目节约柴油8 252.92吨,节能折合 12 025.33 tce。具体弃渣就近利用调配工程量见表 4。

表 4　隧道弃渣就近填筑路基和就近填沟造地工程量统计表

开挖方量/ m³	填筑路基		填沟造地		平均运距/ km	油耗/ 吨
	利用量/ m³	利用位置	利用量/ m³	利用位置		
5 284 375	578 826	主线路基	4 705 549	弃土场	5	455.73

综上所述,惠清高速在隧道弃渣利用上,通过就近填筑路基、就近填沟造地的利用方式,节约土方车辆燃油约 8 252.92 吨,节能折合 12 025.33 tce。根据《2006 年 IPCC 国家温室气体清单指南》碳排放数据,标煤 CO_2 排放系数为 2.772 5 tCO_2/tce,则减少 CO_2 排放约 33 340 吨。

2. 表土资源保护利用

惠清高速在全线各土建标段共清表 184.53 万立方米,累计清表 64.583 7 万立方米,清表中可利用表土 54.79 万立方米,全部用于全线绿化和隧道弃渣填土再造地的绿化复垦。通过表土收集利用(耕植土临时堆放场如图 3 所示),极大地补充了全线绿化复垦用土需求,减少了绿化土外调运输的燃油消耗和建设成本。

根据预算定额,取工地常使用的 20 吨自卸车的土方运输柴油消耗平均值 0.329 6 kg/（m^3·km）。按绿化土外购平均运距 25 km，本项目就地利用表土绿化复垦的土方运输燃油消耗节约柴油量为 0.329 6 kg/（m^3·km）×547 899 m^3×25 km≈4 514.69 吨，节能折合 6 578.35 tce。根据《2006 年 IPCC 国家温室气体清单指南》碳排放数据，标煤 CO_2 排放系数为 2.772 5 tCO_2/tce，则减少 CO_2 排放约 18 238 吨。

图 3　耕植土临时堆放场

3. 隧道零能耗高效行车警示设施集成应用技术

惠清高速全线 16 座隧道照明共计使用 LED 灯 11 410 盏（1 123 盏 200 W、1 404 盏 100 W、1 257 盏 60 W、7 626 盏 40 W），按每日工作 24 h 计，全线隧道日用电量为 17 891 kWh、年用电量为 6 530 215 kWh。

经专家估算，使用多功能蓄能发光涂料及被动反光环可节约照明能耗 25% 以上，则项目节电量为 1 632 554 kWh。项目节能量 = 项目节电量 × 电折标煤系数 × 10^{-3} = 1 632 554 × 0.33 × 10^{-3} ≈ 538.74 tce。根据《2006 年 IPCC 国家温室气体清单指南》碳排放数据，标煤 CO_2 排放系数为 2.772 5 tCO_2/tce，则减少 CO_2 排放约 1 494 吨。

4. 长大公路隧道智能通风控制技术

根据《交通运输节能减排项目节能减排量或投资额核算技术细则（2016 年度）》中关于隧道通风智能控制系统应用项目的核算内容，参考类比工程 S25 道路的隧道通风设计，本项目实施前设计容量为 7 400 kW（参考 S25 风机功率 37 kW、设计安装 200 台），月均运行时间为 120 h。根据核算细则，运行时间超过 90 h 的按 90 h 核算，则项目实施前基准用电量 = 项目设计容量 × 风机年度运行时间 = 7 400 kW × 90 h × 12 = 7 992 000 kWh。

根据设计单位对智能控制隧道通风的风机功率和运转时长设置，项目实施后风机总容量为 6 000 kW（风机功率 30 kW、安装 200 台），智控启停比为 75%，月均运行时间为 75 h，则项目实施后年度用电量 = 项目控制容量 × 风机年度运行时间 = 6 000 kW × 75% × 75 h × 12 = 4 050 000 kWh。

项目节能量 = 项目节电量 × 电折标煤系数 × 10^{-3} = (7 992 000 − 4 050 000) × 0.33 × 10^{-3} ≈ 1 301 tce。根据《2006 年 IPCC 国家温室气体清单指南》碳排放数据，标煤 CO_2 排放系数为 2.772 5 tCO_2/tce，则减少 CO_2 排放约 3 607 吨。

5. 隧道与沿线设施运营节能照明

惠清高速全线各规格 LED 灯共计 13 579 盏，总功率 1 167.5 kW。其中，全线 16 座隧道照明共使用 LED 灯 11 410 盏（1 123 盏 200 W、1 404 盏 100 W、1 257 盏 60 W、7 626 盏 40 W），全线 16 个互通立交共使用

LED 灯 288 盏（130 W），全线管理中心、服务区、停车区、集中居住区共使用 LED 灯 274 盏（46 盏 80 W、228 盏 130 W），全线 10 个收费站共使用 LED 灯 96 盏（130 W）。

根据《交通运输节能减排项目节能减排量或投资额核算技术细则（2016 年度）》中关于节能照明技术应用项目的核算内容，惠清高速的节能减排效益来源于全线隧道段照明、收费站区照明、服务区广场照明中应用 LED 灯代替传统光源，具体如下：

（1）全线隧道段照明 LED 灯代替传统光源的方案，全线隧道段（含洞外过渡段）照明日节电量为 37 155.42 kWh，则项目全线隧道段照明节电量为 13 561 728 kWh。

（2）全线收费站区和服务区广场照明 LED 灯应用方案根据《交通运输节能减排项目节能减排量或投资额核算技术细则（2016 年度）》中关于节能照明技术应用项目的核算内容，按新建项目核算。因本项目未发生灯具设计变更，其节能替代量核算采用 LED 灯比高压钠灯或传统光源节能率核算，节能率取值 60%。全线收费站区和服务区广场照明 LED 灯日用电量为 813.7 kWh，则项目节电量 = 日用电量 ÷（1 − 60%）× 60% × 365 ≈ 445 501 kWh。

惠清高速全线节电总量为 14 007 229 kWh，则项目总节能量 = 项目节电量 × 电折标煤系数 × 10^{-3} = 14 007 229 × 0.33 × 10^{-3} ≈ 4 622.39 tce。根据《2006 年 IPCC 国家温室气体清单指南》碳排放数据，标煤 CO_2 排放系数为 2.772 5 tCO_2/tce，则减少 CO_2 排放约 12 816 吨。

四、典型经验与做法

惠清高速以交通运输部"科技示范工程""绿色公路典型示范工程"和"品质工程"试点示范项目为契机，通过项目策划、科技攻关、科技应用推广、"三个示范工程"的实施，形成可推广、可复制的碳达峰、碳中和"惠清模式"。具体做法包括：

1. 系统谋划，建设目标聚焦碳达峰、碳中和

惠清高速全盘谋划、统筹布局，将碳达峰、碳中和融入项目管理全

过程，开展研究和推广成套关键技术，取得良好效果。在项目策划时倒序思考，在实施内容开展时正序优化。

结合惠清高速建设特点，系统开展周密且有针对性的碳达峰、碳中和项目策划，提出"八大建设理念"和细化分解的"十六项建设子目标"。同时，以子目标为导向，提出实现细分目标的路线图，组织编写12项策划保证方案，指导碳达峰、碳中和各项技术实施全过程，明确实现目标的思路、方法和措施。

2. 技术创新，引领碳达峰、碳中和突破

惠清高速秉承智慧创新、低碳集约、生态引领、服务共享、景观和谐五大理念，开展碳达峰、碳中和技术研究，重点突出"坚持生态选线、打造绿色隧道、倡导永临结合、突出智慧管理、注重路面耐久"五大亮点。

首次提出"研以致用、用以促研、研用相长"的惠清"交通强国"建设理念，建立"三层级、三过程、三主体"科技示范工作体系，累计开展17项科技攻关项目、23项推广应用项目、150余项工程建设微创新技术，已获省部级奖项十余项。

3. 深绿建造，提升社会经济效益

惠清高速构建了以"四节—环保—提升"为特征，"绿色设计＋绿色施工＋绿色养护"三阶段、四层级共计486项评价指标为骨架的绿色公路建设评价标准体系，坚持以"营运中提需求、规划中把方向、设计中抓细节、建设中加要求"为主线，全过程执行绿色建设理念、强化管控措施，通过大力推行新型建造技术践行碳达峰、碳中和，累计开展5类52项绿色建造技术。项目共计避让生态敏感区10处；实现317公里便道与县乡道路同步规划、同步建设；实现20处临时用地永临结合；节约临时用地约2 000亩，减少占用高标准农田约150亩；移栽珍贵原木2 116株；收集可利用表土11.6万立方米；实现隧道洞渣100%利用，节能折合111万tce，守住了青山，保护了绿水，取得显著的社会效益和经济效益。

4. 争创标杆，助推行业碳达峰、碳中和发展

惠清高速成功举办全国第二届品质工程论坛，获得了交通运输部的

书面表扬。项目工程的建设管理实践以及碳达峰、碳中和经验得到行业600 余位专家、学者及同行的高度评价和认可，成为全国首个交通运输部"两示范一试点"项目。惠清高速公路建设为行业碳达峰、碳中和以及行业发展提供了新思路、新方法、新经验，贡献了惠清智慧。

五、问题与建议

（1）高速公路建设行业的工程建设招投标造价预算未考虑碳达峰、碳中和带来的影响，项目实施过程中所投入的新设备、新材料、新技术增加了相应的投资成本，但未能体现在工程造价上，工程承包人积极性不高。建议从政府层面考虑碳达峰、碳中和对高速公路建设行业造价预算产生的影响，在政策上适当倾斜，从而调动工程参建单位投入新设备、新材料、新技术的积极性，进一步将碳达峰、碳中和落到实处。

（2）高速公路建设行业未形成与碳达峰、碳中和相关的成熟评价标准，现阶段无法对高速公路建设项目进行客观且系统的评价。

（3）高速公路建设行业未形成与碳达峰、碳中和相关的成熟指导意见和配套制度，缺乏先进设备和材料的标准，项目策划、实施、验收中缺乏抓手。建议从政策层面完善配套制度和奖罚措施。

六、下一步工作计划

（1）利用惠清高速地处年均日照时间较长的华南区域和由东向西的地理优势，在确保行车安全的情况下，于高速公路边坡安装太阳能电池板，用光伏发电来实现碳减排。

（2）进一步开展碳达峰、碳中和相关路径研究，深挖惠清高速亮点和特色，为公路行业提供先进的科学示范，并为大规模推广提供例证。

（3）惠清高速已进入营运服务期，正紧紧围绕"品质惠清、智慧运营、至善服务"的经营管理目标，大力推动搭建五平台，持续开展"三个中心"（业务系统集成应用中心、智能融合多源信息中心、绿色节能低碳指挥中心）建设，进一步在碳达峰、碳中和发展中实现"争创行业标杆、引领行业进步"的企业价值。

"行百里者半九十"，惠清人将继续发扬实干、创新的惠清精神，引领行业碳达峰、碳中和发展，为创建绿色惠清、低碳惠清提供可参考、可复制的范例，为国家碳达峰、碳中和事业贡献惠清力量！

附录三　国内外应对气候变化及低碳政策文件名录

一、国内应对气候变化及低碳政策文件

序号	政策名称	发布时间
国家"双碳"战略及绿色发展政策		
1	《"十四五"节能减排综合工作方案》	2022 年 1 月
2	《"十四五"全国清洁生产推行方案》	2021 年 10 月
3	《2030 年前碳达峰行动方案》	2021 年 10 月
4	《中共中央　国务院关于完整准确全面贯彻新发展理念做好碳达峰碳中和工作的意见》	2021 年 10 月
5	《"十四五"循环经济发展规划》	2021 年 7 月
6	《2021 年能源工作指导意见》	2021 年 4 月
7	《广东省国民经济和社会发展第十四个五年规划和 2035 年远景目标纲要》	2021 年 4 月
8	《中华人民共和国国民经济和社会发展第十四个五年规划和 2035 年远景目标纲要》	2021 年 3 月
9	《2021 年工业和信息化标准工作要点》	2021 年 3 月
10	《国务院关于加快建立健全绿色低碳循环发展经济体系的指导意见》	2021 年 2 月

（续上表）

序号	政策名称	发布时间
交通行业低碳相关政策		
11	《绿色交通"十四五"发展规划》	2021 年 10 月
12	《交通运输标准化"十四五"发展规划》	2021 年 10 月
13	《交通运输部关于全面深入推进绿色交通发展的意见》	2017 年 11 月
14	《加快推进绿色循环低碳交通运输发展指导意见》	2013 年 5 月
建筑行业低碳相关政策		
15	《关于推动城乡建设绿色发展的意见》	2021 年 10 月
16	《"十四五"公共机构节约能源资源工作规划》	2021 年 6 月
17	《广东省绿色建筑发展"十四五"规划（公开征求意见稿)》	2021 年 6 月
18	《关于加强县城绿色低碳建设的意见》	2021 年 5 月
19	《绿色建造技术导则（试行)》	2021 年 3 月
20	《关于推动智能建造与建筑工业化协同发展的指导意见》	2020 年 7 月
21	《建筑节能与绿色建筑发展"十三五"规划》	2017 年 3 月
22	《民用建筑节能条例》	2008 年 8 月
23	《中华人民共和国节约能源法》	1997 年 11 月通过，2018 年 10 月第二次修正
24	《建设工程质量管理条例》	2000 年 1 月发布，2019 年 4 月第二次修订

（续上表）

序号	政策名称	发布时间
25	《中华人民共和国可再生能源法》	2005 年 2 月通过，2009 年 12 月修改
	绿色公路相关政策	
26	《交通运输部关于广东省开展交通基础设施高质量发展等交通强国建设试点工作的意见》	2020 年 10 月
27	《加快推进高速公路建设管理现代化的指导意见》	2019 年 6 月
28	《绿色交通设施评估技术要求 第 1 部分：绿色公路》	2018 年 5 月
29	《关于实施绿色公路建设的指导意见》	2016 年 7 月
	碳交易市场相关政策	
30	《关于做好全国碳排放权交易市场数据质量监督管理相关工作的通知》	2021 年 10 月
31	《银行业金融机构绿色金融评价方案》	2021 年 5 月
32	《碳排放权登记管理规则（试行）》	2021 年 5 月
33	《碳排放权交易管理规则（试行）》	2021 年 5 月
34	《碳排放权结算管理规则（试行）》	2021 年 5 月
35	《关于建立健全生态产品价值实现机制的意见》	2021 年 4 月
36	《碳排放权交易管理暂行条例（草案修改稿）》	2021 年 3 月
37	《碳排放权交易管理办法（试行）》	2020 年 12 月
38	《2019—2020 年全国碳排放权交易配额总量设定与分配实施方案（发电行业）》	2020 年 12 月

（续上表）

序号	政策名称	发布时间
39	《纳入 2019—2020 年全国碳排放权交易配额管理的重点排放单位名单》	2020 年 12 月
40	《关于促进应对气候变化投融资的指导意见》	2020 年 10 月
41	《关于贯彻落实金融支持粤港澳大湾区建设意见的实施方案》	2020 年 7 月
42	《全国碳排放权交易市场建设方案（发电行业）》	2017 年 12 月
43	《关于构建绿色金融体系的指导意见》	2016 年 8 月
44	《国家发展改革委办公厅关于切实做好全国碳排放权交易市场启动重点工作的通知》	2016 年 1 月
45	《碳排放权交易管理暂行办法》	2014 年 12 月
46	《深圳经济特区碳排放管理若干规定》	2012 年 10 月
47	《温室气体自愿减排交易管理暂行办法》	2012 年 6 月
48	《国家发展改革委办公厅关于开展碳排放权交易试点工作的通知》	2011 年 10 月
49	《中华人民共和国国民经济和社会发展第十二个五年规划纲要》	2011 年 3 月
清洁能源相关政策		
50	《关于推进中央企业高质量发展做好碳达峰碳中和工作的指导意见》	2021 年 11 月
51	《贯彻落实碳达峰碳中和目标要求　推动数据中心和5G 等新型基础设施绿色高质量发展实施方案》	2021 年 11 月
52	《"十四五"工业绿色发展规划》	2021 年 11 月

（续上表）

序号	政策名称	发布时间
新能源汽车相关政策		
53	《关于进一步提升电动汽车充电基础设施服务保障能力的实施意见》	2022 年 1 月
54	《促进绿色消费实施方案》	2022 年 1 月

二、国际应对气候变化及低碳政策文件

序号	政策名称	发布时间
国际应对气候变化相关策略		
1	《中美关于在 21 世纪 20 年代强化气候行动的格拉斯哥联合宣言》（U. S. – China Joint Glasgow Declaration on Enhancing Climate Action in the 2020s）	2021 年 11 月
2	《格拉斯哥气候公约》（Glasgow Climate Pact）	2021 年 11 月
3	《应对气候变化的一揽子计划提案》（"Fit for 55" Package）	2021 年 7 月
4	《欧洲气候法》（European Climate Law）	2020 年 3 月
5	《欧洲绿色新政》（European Green Deal）	2019 年 12 月
6	《巴黎协定》（Paris Agreement）	2015 年 12 月
7	《欧盟 2020 发展战略》（Europe 2020）	2010 年 3 月
8	《京都议定书》（Kyoto Protocol）	2005 年 2 月
9	《联合国气候变化框架公约》（United Nations Framework Convention on Climate Change，UNFCCC）	1992 年 6 月

（续上表）

序号	政策名称	发布时间
	交通行业低碳发展策略	
10	《乌克兰到2030年的国家运输战略》（*National Transport Strategy of Ukraine Until 2030*）	2021年4月
11	《可持续和智能交通战略》（*Sustainable and Smart Mobility Strategy*）	2020年12月
12	《循环经济行动计划》（*A New Circular Economy Action Plan*）	2020年3月
13	《货运服务行动计划》（*Freight and Servicing Action Plan*）	2019年3月
14	《七阶段国家公路发展项目》（*7 – phased National Highway Development Project*）	2018年3月
15	《运营中的国家公路货币化》（*Monetization of Operational National Highways*）	2016年8月
16	《巴拉特玛拉》（*Bharatmala Pariyojana*）	2015年7月
17	《国家城市交通政策》（*National Urban Transport Policy*）	2014年3月
18	《可持续运输发展法案》（*Sustainable Transportation Logistics Development Act*）	2009年通过，2013年最新修订
19	《促进发展和销售环保汽车法》（*Act on the Promotion of Development and Distribution of Environmentally Friendly Automobiles*）	2011年5月

（续上表）

序号	政策名称	发布时间
代表性国家交通运输行业低碳发展与应对气候变化策略		
英国		
20	《零排放战略：重建绿色家园》（Net Zero Strategy：Build Back Greener）	2021 年 10 月
21	《2021 年环境法案》（Environment Act 2021）	2021 年 11 月
22	《交通法规审查咨询的未来——零排放车辆》（Future of Transportregulatory Review Consultation—Zero Emission Vehicles）	2021 年 9 月
23	《关于英国逐步淘汰有增无减的煤炭发电的早期阶段的协商》（Consultation on the Early Phase Out of the Unabated Coal Generation in Great Britain）	2021 年 2 月
24	《落实 2025 年结束对煤炭使用有增无减：政府应对结束有增无减的煤炭使用的磋商》（Implementing the End of Unabated Coal by 2025：Government Response to Unabated Coal Closure Consultation）	2021 年 2 月
25	《英国煤炭发电的未来——影响评价》（The Future of Coal Generation in Great Britain—Impact Assessment）	2021 年 2 月
26	《2008 年气候变化法案》（Climate Change Act 2008）	2008 年 11 月
美国		
27	净零世界倡议（Net Zero World Initiative）	2021 年 11 月
28	《新污染源性能标准》（New Source Performance Standards，NSPS）	2016 年 6 月

（续上表）

序号	政策名称	发布时间
29	《清洁能源计划》（*Clean Power Plan*）	2015 年 8 月
30	《美国清洁能源与安全法案》 （*American Clean Energy and Security Act*）	2009 年 6 月
31	《21 世纪运输公平法案》 （*Transportation Equity Act for the 21st Century*，*TEA - 21*）	1998 年 6 月
加拿大		
32	《加拿大净零排放问责法案》 （*Canadian Net - Zero Emissions Accountability Act*）	2021 年 11 月
33	《绿化政府策略》（*Greening Government Strategy*）	2020 年 12 月
34	《健康的环境和健康的经济》 （*A Healthy Environment and a Healthy Economy*）	2020 年 12 月
法国		
35	《法国 2030》（*France 2030*）	2021 年 10 月
36	《关于应对气候变化和增强应对气候变化影响的韧性的 第 2021 - 1104 号法案》（*Law No. 2021 - 1104 on the Fight Against Climate Change and the Reinforcement of Resilience in the Face of Its Effects*）	2021 年 8 月
日本		
37	《通过在 2050 年实现碳中和实现绿色增长战略》 （*Green Growth Strategy Through Achieving Carbon Neutrality in 2050*）	2020 年 12 月

（续上表）

序号	政策名称		发布时间
38	《全球变暖对策促进法》（*Act on Promotion of Global Warming Countermeasures*）		2016 年 11 月
39	《改善建筑物能源消耗表现法案》（*Act on the Improvement of Energy Consumption Performance of Buildings*）		2015 年 4 月
40	《低碳城市促进法（生态城法）（2014 年第 84 号法案）》［*Low Carbon City Promotion Act（Eco-city Law）（Law No. 84 of 2014）*］		2012 年 12 月
韩国			
41	《韩国新政》（*Korean New Deal*）		2020 年 7 月
澳大利亚			
42	《国家温室气体和能源报告计划》［*National Greenhouse and Energy Reporting（NGER）Scheme*］	《2008 年国家温室气体和能源报告（测量）决定》［*National Greenhouse and Energy Reporting（Measurement）Determination 2008*］	2008 年 7 月
		《2008 年国家温室气体和能源报告条例》（*National Greenhouse and Energy Reporting Regulations 2008*）	2008 年 7 月
		《2007 国家温室气体和能源报告法案》（*National Greenhouse and Energy Reporting Act 2007*）	2007 年 9 月

（续上表）

序号	政策名称	发布时间
43	《2015 年国家温室气体和能源报告（保障机制）规则》 ［*National Greenhouse and Energy Reporting* （*Safeguard Mechanism*）*Rule 2015*］	2015 年 10 月

后 记

　　"双碳"目标下,我国各省市交通行业和企业正在经历一场广泛而深刻的变革,面临前所未有的困难和挑战。为全面把握国家、广东省关于"双碳"的规划和形势,深入贯彻有关交通运输行业"双碳"工作的决策与部署,科学研判交通行业和企业未来发展面临的机遇与挑战,广东省交通集团有限公司组织编写了本书。

　　本书由广东省交通集团有限公司与暨南大学团队组成的专项课题组共同编写而成。课题组前往惠清高速、深中通道等地,通过实地调研、深度访谈、模拟分析及大样本统计分析等方式展开全面研究,最终形成《广东省交通集团有限公司"双碳"政策研究报告》,并整理成书正式出版。

　　本书从四个部分梳理了交通行业相关"双碳"政策,分析低碳发展现状与趋势,讨论相关影响,探究应对"双碳"政策的路径。

　　第一部分是交通行业相关"双碳"政策梳理。该部分主要针对整体层面和广东省行业的"双碳"政策。整体层面"双碳"相关政策梳理包括"双碳"战略政策、碳交易市场政策、清洁能源政策、新能源汽车政策。广东省行业"双碳"相关政策梳理包括省交通行业与建筑行业的低碳政策。

　　第二部分是交通行业低碳发展的现状及趋势。该部分主要由相关行业低碳政策分析、交通行业碳排放现状与趋势分析,以及代表性企业低碳发展典型案例构成。

第三部分是广东交通集团碳排放核算体系的构建。该部分构建了广东交通集团碳排放核算体系，包括碳排放核算的一般性说明、碳排放核算流程及核算方法、具体业务的碳排放核算等，并列出广东交通集团高速公路运营业务、出行客运服务业务的碳排放核算实例。

第四部分是广东交通集团低碳发展的政策建议研究。该部分具体指出了"双碳"政策给广东交通集团带来的机遇与挑战。在推动工程建设绿色创新发展、加快交通运输结构优化调整、提升运营过程低碳管理能力上，本书有针对性地设计了广东交通集团的低碳发展路径，提出了多条政策建议，包括在低碳发展方面开展交通基础设施建设绿色化、新能源运输装备推广应用、低碳技术研发、低碳发展人才体系建设、低碳投融资体系建设、碳资产管理模式探索、低碳标准制订、绿色交通监管体系完善、全员低碳发展意识培养等。

本书主编为邓小华、宋献中、刘晓华，副主编为陈楚宣、沈洪涛、兰恒水、沈达扬。参加本书调研、写作和修改工作的主要人员有陈楚宣、沈洪涛、沈达扬、郑旭涛、谭小平、丁一。参加本书校对的人员有李玲、王文静、丁一、张后举、李妍虹、覃思坦、李子青、秦然、张翎。本书出版工作由广东省交通集团有限公司战略发展部、暨南大学人与自然生命共同体重点实验室、新粤（广州）投资有限公司统筹，广东惠清高速公路有限公司、深中通道管理中心、广乐数据（灾备）中心、壳牌（中国）有限公司等单位给予了大力支持。在此，谨向所有对本书给予帮助和支持的单位和人员表示衷心感谢。

由于"绿色交通"是一个新概念，国内外的相关研究刚刚起步，可供参考、借鉴的理论观点和实践经验都十分有限，因此我们的创新性探索难免存在不足之处。真诚欢迎各界朋友批评指正，以便我们在今后的研究过程中不断改进和完善，共同为中国乃至世界的绿色交通建设贡献力量。

本书编写组

2023 年 3 月